富兰克林

Benjamin Franklin

富兰克林

Benjamin Franklin

皮波人物国际名人研究中心 编著

国际文化出版公司

·北京·

图书在版编目（CIP）数据

富兰克林／皮波人物国际名人研究中心编著. --北京：国际文化出版公司，2013.12（2024.2重印）
（名人传记丛书）
ISBN 978-7-5125-0589-6

Ⅰ.①富…　Ⅱ.①皮…　Ⅲ.①富兰克林，B.
（1706～1790）—传记　Ⅳ.①K837.127=4

中国版本图书馆CIP数据核字（2013）第253025号

富兰克林

作　　者	皮波人物国际名人研究中心　编著
责任编辑	宋亚眶
统筹监制	葛宏峰　刘　毅　徐　峰
策划编辑	刘露芳
美术编辑	丁鉷煜
出版发行	国际文化出版公司
经　　销	国文润华文化传媒（北京）有限责任公司
印　　刷	北京一鑫印务有限责任公司
开　　本	700毫米×1000毫米　　16开
	8印张　　　　　　74千字
版　　次	2013年12月第1版
	2024年2月第3次印刷
书　　号	ISBN 978-7-5125-0589-6
定　　价	34.00元

国际文化出版公司
北京市朝阳区东土城路乙9号　　　　　　邮编：100013
总编室：（010）64270995　　　　　传真：（010）64270995
销售热线：（010）64271187
传真：（010）64271187-800
E-mail：icpc@95777.sina.net

目录

目录

目录

聪敏好学的少年

贫寒的家庭

本杰明·富兰克林是美国历史上著名的实业家、教育家、哲学家、社会活动家，此外，他还是美国历史上第一位享有国际声誉的发明家、科学家和音乐家。他设计并实践了著名的"风筝实验"，深入探究了电的运动规律；他发明的很多电学方面的专用术语已成为世界通用词汇；

富兰克林的出生地

他设计并制造了避雷针，破除了人类对未知力量的迷信。

富兰克林不仅科学成就斐然，在政治领域，他更是拥有极高的威望和声誉。他是第一位美国驻外大使，参与起草了美国的《独立宣言》和美国的宪法。他主张废除奴隶制度，深受美国人民的爱戴。

富兰克林的祖上是英国人，世代靠一块大约30英亩的土地维生，除此之外，他们还经营铁铺的生意，这项生意一直持续到富兰克林伯父的时代。

富兰克林的祖父托马斯一辈子都住在诺桑普顿郡的埃克顿教区，直到他老态龙钟时，才前往牛津郡班布雷村投靠他当染匠的儿子约翰，死后也被葬在这里。

富兰克林的伯父托马斯继承父亲的衣钵在家里学当一名铁匠；他非常聪明，而且受到教区内一位绅士的鼓励，努力向学，成为当地一位公证人，是地方上一位相当出色的人物。

托马斯死于1702年1月6日，四年后的同一天，我们的主人公富兰克林出生了。长大后，富兰克林从埃克顿的一些故交口中听到许多关于伯父的事，他很惊讶地发现自己和伯父竟然有许多相似之处。

富兰克林的二叔约翰是一名染匠，三叔本杰明则在伦敦的一家丝绸染房当助手。

富兰克林的父亲约瑟在很年轻的时候便成家了，并于1682年带着第一任妻子和他们的三个孩子来到了美洲新英格兰的波士顿定居。约瑟和第一任妻子在那里又生了4个小孩。富兰克林的母亲是约瑟的第二任妻子，他们又生了10个孩子，这样，富兰克林一家总共有17个小孩。

除了两个女孩儿外，富兰克林是家里最小的儿子。

富兰克林的哥哥们年纪稍长点的都被送到各行业去当学徒。富兰克林则在8岁时进入语法学校就读。

念了一年书后，因为负担不起求学费用，约瑟把富兰克林送去了另一家学校学习算术和书写，可惜富兰克林在算术上毫无进步，因此在学校念了一年后，10岁的富兰克林回到家里帮父亲照料蜡烛和肥皂生意。这原不是约瑟的本行，但他原来从事的染料生意在这里不足以糊口，所以才转行制造并销售蜡烛和肥皂。富兰克林在厂里负责剪灯芯，往模具里填蜡料，照料店面，有时也替父亲跑跑腿。

富兰克林厌恶这个行业，他想去航海，可是父亲极力反对。不过，由于住在海边，富兰克林可以常常跑去玩水，他很小就学会了游泳和划船。

富兰克林在父亲的店里工作了两年，一直到他12岁。他的哥哥约翰学的也是这门手艺，那时因为结婚的关系离开家，前往罗特岛自己开设了一间店。很明显，富兰克林注定要接替他的位置，成为一个蜡烛商人，这实在违背他的意愿，他讨厌继续做生意。父亲也意识到，如果不替富兰克林安排一个适当的职业，他很可能会离家出走。

从此以后，父亲经常带富兰克林出去观看木匠、砖匠以及铜匠们干活，如此他便可借机观察他的小儿子比较适合陆地上的哪一项工作。这些观察对富兰克林非常有益处，有时候他很喜欢看一些优秀的工人操作他们的工具，并从中学到许多东西，因此，家里如果有什么东西需要修理，一时找不到工匠时，富兰克林便自己动手。当他想做实验时，又可以制造一些小机械以满足自己的兴致。

最后，父亲决定让富兰克林去学习当一名刀匠，叔叔本杰明的儿子萨缪尔曾在伦敦学过这种手艺，那时候，他刚好在波士顿开了一家店铺。父亲送富兰克林到那里当学徒，但是萨缪尔却希望从富兰克林身上获得一些报酬，这触怒了约瑟，他又将儿子带回了家。

努力自学

富兰克林从小就喜爱读书，他把赚到的一些小钱都花在了买书上。他得到的第一部书是分册的《约翰·班扬集》，其中他最喜欢的是《天路历程》。后来，他将它们卖掉，又买了一套伯顿的《历史文集》。

富兰克林的求知欲很强，却又找不到适合他的书看。约瑟有一间小藏书室，多半是一些神学类的书籍，富兰克林读过其中的大部分书，但是已经决定不做牧师。他读过一本普鲁塔克写的《名人列传》，获益匪浅。还有一本笛福著的《商业计划论》以及另一本马瑟博士写的《行善论集》。这些书都使他的思想有了很大的转变，对他的一生也起到了极大的影响。

看儿子对书籍兴趣浓厚，约瑟决定将他送去当个印刷工，虽然他已经有个儿子詹姆斯在从事印刷业了。

1717 年，富兰克林的哥哥詹姆斯带着一架印刷机和铅字从英国回来，开始在波士顿创立印刷事业。和父亲经营的事业相比，富兰克林显然更喜欢印刷这一行业，然而，他对航海仍有一股强烈的向往。

父亲为了阻止富兰克林出海，急欲将他送到詹姆斯那里去。与其终日做蜡烛和肥皂，倒不如去哥哥的印刷厂，于是抗争了一段时间后，富兰克林便同意了。

富兰克林和哥哥签下一纸契约书，根据契约，他必须在詹姆斯的店里当学徒，直到 21 岁，在最后一年他才可以领到薪水。

没多久，富兰克林对印刷的工作便驾轻就熟，成为了哥哥的得力助手。他也能得到一些较好的书了。一位书店的学徒与富兰克林认识后，经常带书出来借给他看，为了不被书店的老板发现，富兰克林必须很快看完，完整地将它们归还。因此，他常常通宵达旦，熬夜将这些书读完，并在第二天一大早由书店的那位学徒将它们放归原处。

这段时间里，有一个拥有不少藏书的商人马修·亚当斯先生常到詹姆斯的印刷厂来。他注意到富兰克林很喜欢读书，便邀请他到他的藏书室，还和气地任由他挑选自己喜欢的书借去看。此时的富兰克林对诗产生了浓厚的兴趣，自己也试着写了几篇。

詹姆斯觉得这些诗也许能卖钱，便半鼓励半哄骗地让富兰克林写一些应景的诗歌。其中有一首叫《灯塔惨案》的诗，描写了一位船长和他的两个女儿因船只失事而葬身大海的事；还有一首《水手之歌》，描写的是"黑胡子"海盗蒂奇的故事。

实际上这些诗写得都很糟糕，但富兰克林拿着这些被印刷出来的"杰作"到城里去卖时,《灯塔惨案》的诗竟然还卖得很不错,也许是人们对这一事件记忆犹新吧。这一小小的成就令富兰克林沾沾自喜起来。但是他的父亲却很反对他作诗卖钱,他嘲笑富兰克林的诗歌,并告诉他,诗人多半是穷光蛋。

在父亲的警告下,富兰克林没有成为一个诗人,不过,散文的写作却有助于他日后的工作,并且成为他成功的进身阶梯。

当地镇上还有一位很喜欢读书的孩子叫约翰·柯林斯,和富兰克林往来甚密。两人经常在一起辩论,而且总设法将对方驳倒。这种争辩方式很容易变成一种坏习惯,促成爱在别人面前抗辩的态度,使人在团体中引起他人的厌恶并遭受排斥。很不幸,富兰克林染上了这种习气,主要还是受到父亲约瑟那些宗教论辩书籍的影响。后来,富兰克林发现,除了律师、大学生以及在爱丁堡成长的人外,一般人很少有这种习气。

有一次,柯林斯和富兰克林就女人是否应该接受教育发生了争执。柯林斯认为女人不需要接受教育,因为男女天生就不平等;富兰克林的看法和他相反,他看柯林斯滔滔不绝地雄辩,一副胸有成竹的样子,觉得柯林斯使人屈服的原因并非由于他有充分的理由,而是他那一种逼人的气势。

最终,两人没有分出胜负便分手了,并且有一段时间没有碰面。后来,富兰克林将自己的观点写下来寄给柯林斯,柯林斯也给富兰克林回了信。如此三四个回合之后，有一天，父亲仔细读了富兰克林写给柯林斯的信，他并没有加入讨论，只是趁机告诉富兰克林写作的方法。他说虽然富兰克林在拼字和标点方面要强于柯林斯，但在遣词造句方面却没有柯林斯考究，叙述上也没有柯林斯条理清晰。富兰克林觉得父亲的分析很客观，于是下定决心要努力学习写作。

这时，富兰克林偶然看到一本名叫《旁观者》的杂志，他从来没有看过这样的东西，于是便买了下来，反复读了好几遍，爱不释手。他觉得里面的文章写得好极了，希望能够模仿它的风格进行写作。打定主意后，富兰克林抽选出几页，把每一个句子的含义做一个简短的摘要记录下来，过几天再凭借自己的想象，将这些摘要组成一篇文章，而且尽可能保持它原来的风貌，写完后，富兰克林再把自己所写的文章和《旁观者》的原文相对照，发现自己的缺点后，再将它们逐一更正。

学习写作的过程中，富兰克林发现自己的词汇太贫乏，不能自如地驾驭自己的想法和语言。他又试着将一些故事改写成诗歌，等到他已经忘记原来的文章时，便再把这些诗歌改写成原来的形式。经过一系列的训练，渐渐地，富兰克林发现自己在某些细节处理上比以前进步多了，这大大鼓舞了他。

富兰克林练习写作和读书的时间都在晚间工作结束后，或者黎明前，以及星期日。他常常躲避上教堂做礼拜，设法独自留在印刷厂。在父亲的身边时，父亲是绝对不允许富兰克林不做礼拜的。虽然富兰克林仍将做礼拜视为一种责任，但是为了学习，他实在抽不出时间来。

在富兰克林16岁的时候，他读到一本书，书中推荐人们吃素食，于是他决定按照书中的说法来做。此时他的哥哥詹姆斯还没结婚，所以印刷厂里的工作人员都在一起吃饭。富兰克林拒绝吃肉，引起了很多不便，别人经常指责他。富兰克林按照书中介绍的方法烹调了几道菜，如煮马铃薯、速成布丁、燕麦粥等。接着，他向哥哥提出将伙食费的一半发给他，他自己解决吃饭问题。

詹姆斯早已迫不及待地要甩掉这个饮食有怪癖的弟弟，于是欣然同意。富兰克林发现，他还能从哥哥付给他的伙食费中留下一半来买书。

詹姆斯和其他人去吃饭时，富兰克林就迅速地吃完一顿简单的饭，有时候是一块饼、一片面包、一把葡萄干，或是从面包师那里买来的水果馅饼和一杯开水。其余的时间，他都用来看书，一直到其他人回来。

富兰克林的数学不好，对数字没有概念，在学校时，他数学曾经两次不及格，这让富兰克林十分难为情。现在富兰克林找到一本数学书，开始自学起来，慢慢地，他发现其实数学并不是很难学。富兰克林还读了关于航海方面的书，才对其中的几何学有了一点概念。

在这段时间，富兰克林也读了洛克的《论人的理解力》，以及一本名叫《思维艺术》的书。

当富兰克林正努力改进自己的文体时，他找到一本英文语法书，在这本书的后面有两篇关于修辞学和逻辑学的简短介绍，在逻辑学的那篇终结的部分，又引用了苏格拉底的辩证法。此后，富兰克林陆续又读了些哲学方面的书籍。

1720年前后，詹姆斯力排众议，开始着手办报，这是美洲殖民地的第二份报纸，名叫《新英格兰报》。在《新英格兰报》之前，这里唯一的一份报纸是《波士顿邮报》。富兰克林的任务是负责将这些报纸送到订户家。

詹姆斯的朋友中有许多才华横溢的人，他们喜欢在报上写些小品文作为消遣，以此来增加知名度并促进报纸的销量。这些绅士们常到印刷厂来，听他们谈起报纸是如何受欢迎的时候，富兰克林也跃跃欲试，很想一展身手。但是他还是一个小孩子，詹姆斯一定会反对在报上发表他的作品。于是他想出一个办法，他改变了自己的笔迹写了一篇匿名的文章。晚上，他悄悄地将文章从印刷厂的门缝下塞了进去。第二天早晨，文章果然被詹姆斯发现。当听到他们决定刊出这篇文章的消息时，富兰克林的心里说不出来的高兴。大伙还猜测着这篇文章的作者肯定是一个很有学问的知名之士时，富兰克林越听越开心。

受到这一番鼓励，富兰克林又写了几篇文章，并且都是用同样的方式投递，这些文章也同样获得佳评。不过后来这个秘密还是被发现了。虽然富兰克林受到了朋友们的重视和褒奖，但是詹姆斯心里还是不太高兴，他担心这些赞誉会使富兰克林越来越虚荣。不管怎么说，这件事成了二人关系破裂的开端。

富兰克林也认为哥哥在许多地方对自己要求都太苛刻，两人经常在父亲面前发生争吵。詹姆斯是个容易冲动的人，年少的富兰克林没少挨他的拳头，这也使他对哥哥非常不满。他一直希望能找个机会离开，不再受哥哥的压制。终于有一天，这个机会来了。

《新英格兰报》登载的一篇关于某一政治问题的文章触怒了议会，结果詹姆斯被监禁了一个月。富兰克林想这大概是因为哥哥不愿泄露原作者姓名的缘故。不久后，富兰克林也被逮捕了，而且还遭受了几次审问，但是他却没有给他们满意的答复，或许是他们认为富兰克林还是个未成年人，因此告诫他一顿后便放他走了。

虽然富兰克林常和詹姆斯闹情绪，但是詹姆斯被逮捕后，富兰克林却替哥哥感到不平，他毅然接掌了哥哥的工作，并且大胆地写了一篇抨击政府的文章，詹姆斯得知后也觉得很欣慰。詹姆斯出狱时，议会同时下达一道命令：不准詹姆斯·富兰克林继续发行《新英格兰报》。

有人建议将报纸改个名称以免和法令相抵触，但是詹姆斯认为这样做有许多麻烦，最后决定采取另一个比较好的方式，让报纸以"本杰明·富兰克林"的名义继续发行；为了避免议会谴责他利用徒弟（富兰克林是詹姆斯的学徒）的名义发刊，大伙想出一个变通的办法，将富兰克林的旧合约作废，但是，为了不让詹姆斯因为此事受到损失，他们又另行签订了一份合约，暗中维持学徒的关系，不过，这份合约只有兄弟俩知道。于是，报纸便以富兰克林的名义继续发行。

离家出走

《新英格兰报》以本杰明·富兰克林的名义继续发行之后，富兰克林和詹姆斯之间又产生了新的矛盾，于是他决定彻底地离开詹姆斯。

当詹姆斯知道富兰克林将离开他时，他设法使他不能在镇上的任何一家印刷所找到工作，詹姆斯走遍各个印刷所，关照了每一位个老板，因此他们都拒绝给富兰克林工作。

富兰克林很想去纽约，但是父亲并不赞成他的想法，他和詹姆斯站在一边，极力阻止富兰克林去纽约。这时，柯林斯替富兰克林想了一个办法，他去和纽约一艘帆船的船长商量好，给富兰克林留一个舱位。于是，在柯林斯的帮助下，凭借卖掉几本书换取的一点钱，富兰克林暗中偷渡到了纽约。

三天后，当富兰克林形单影只地置身于离家300英里外的纽约时，这个年仅17岁的少年对航海的兴趣立刻荡然无存了。在这里，他一个人也不认识，口袋里的钱也所剩无几。

令人无法乐观的现状并没有使富兰克林手足无措，他自觉手艺还不错，便前往拜访当地印刷厂的老板威廉·布拉福德，希望能在那里找到工作机会。可是布拉福德无法雇用富兰克林，他的助手已经够多了。他对富兰克林说："我的儿子在费城经营印刷厂，他最近刚丧失一个得力助手，如果你到那里去，我相信他一定会雇用你。"

尽管费城距离此地还有100英里，富兰克林还是搭船出发了。

在前往费城的途中，富兰克林所搭乘的船遇到了风暴，狂风和海浪把船只破旧的帆布撕成了碎片，船员只好把船停到附近的长岛去避险。当他们靠岸时，发现礁石遍布，没有一个地方可以登陆。夜晚来临了，船上的人们束手无策，只好无奈地等待风平浪静。富兰克林和其他人都躲到船舱里，希望能够入睡，可是海浪不断涌上船头。不久，每个人都被海水浸得湿漉漉的，这样辗转了一整夜，没有人睡得着。第二天，风势减弱，他们在天黑以前抵达安博伊港。

因为没东西吃，没有水喝，又被海水泡了一晚上，富兰克林发起了高烧。他在书上读到过多喝开水能治疗发烧，于是就遵照这个指示，不断地喝水，出了大半夜的汗，高烧也慢慢退了下去。

清晨，富兰克林离开了码头，继续步行前往伯灵顿，有人告诉他从那里可以搭船到费城去。

一路的艰辛跋涉使富兰克林开始懊悔不该离家出走，他寒酸的外表让他看起来像个来历不明、身份可疑的家伙，不时遭到周围人警惕和怀疑的目光，他很怕会被当地人抓起来盘问。好容易来到伯灵顿后，他懊恼地发现船只在他到达前刚刚开走，最近的一班船要等到下星期二了。

富兰克林垂头丧气地回到镇上，去找一位曾在船上卖姜饼的老妇人，希望她能给自己一点意见。她邀请富兰克林在等船期间住到她家里，富兰克林正愁无处安身，便接受了她的邀请。当她知道富兰克林是一个印刷工后，就劝富兰克林留下来，自己开一家印刷厂，但是她不了解开设印刷厂是需要资本的。

老妇人很好客，请富兰克林吃了一大盘牛肉，却只肯收很少一点钱。富兰克林本想安心住在老妇人家里等待下一趟去费城的船，可是，当他傍晚沿着河边散步时，发现有一艘船从河面经过，这正是一艘驶往费城的小船。

他们让富兰克林上了船，一路上没有什么风，大伙使劲地往前划，到午夜时还没有看到费城的影子。一些人认为他们划过头了，不愿再划下去了，其余的人也不知道船正在驶往哪里。于是大伙只好划向岸边，驶进一条小河，在一处旧篱笆旁上岸，众人拆下篱笆烧了一堆火。那天晚上非常寒冷，富兰克林就这样被冻到天亮。这时他们中的一个人认出来这是一条位于费城上游的河，于是大家纷纷上船划桨，果然不久就看到了费城。

经过了长途跋涉后，富兰克林浑身脏兮兮的，比较像样一点儿的衣服还没有运来。此时，他身上只有一块荷兰币和一先令的铜币。富兰克林将铜币递给船夫，可朴实的船夫却因为富兰克林帮他划船，所以拒绝接受，不过富兰克林坚持要他收下。

上岸后，富兰克林在街上四处游荡。此时的他又累又饿，心想要是有一块在波士顿常能吃到的硬面包该有多好。

在一家面包店前，富兰克林停了下来，他向面包店要他在家乡吃的那种硬面包，可是店员告诉他，这里没有那种面包。富兰克林并不知道这里的物价比波士顿低，也不知道这家店里面包的种类，便要店员随便拿三便士的面包。店员拿给富兰克林三个又大又软的面包卷，他很惊讶三便士能够买到这么多面包。因为口袋里已经塞满了袜子之类的东西，他只好在左右手臂下各夹一个面包，手里再拿着一个。

富兰克林就这样沿着这里的街道边走边吃，最后他发觉自己又绕回到市街码头。他走到载自己来费城的那艘船上，要了一口水喝，吃了一个面包后，他已经饱了，便把剩余的两个面包送给同船前来的一个妇人和她的小孩，她们正站在原地等船，要去更远的地方。

吃饱喝足后，富兰克林又跑到街上去了。这时街上有许多衣冠楚楚的人都在向着同一个方向走着，富兰克林也加入他们的行列，随着他们进入附近的一所礼拜堂。富兰克林坐在里面张望了一会儿，也没听到什么声响，由于夜里缺乏休息，此刻他身心疲倦，不知不觉中就沉沉地睡着了，一直到散会后，一个好心人才把他摇醒。这个礼拜堂便是富兰克林在费城踏进的第一座房子。

富兰克林受到一位刚刚做完礼拜的教徒的指引，去了一家旅馆投宿。在旅馆用餐的时候，他又受到了人们十分不友善的打量，富兰克林猜想他们可能以为他是一个逃犯。

在这家旅馆一直酣睡到第二天清晨，富兰克林尽可能地将自己打扮整齐后，便出门去拜访老布拉福德的儿子安德鲁·布拉福德。很巧，他在店里遇到了老布拉福德先生。老先生骑着马，赶到富兰克林的前面到了费城。老布拉福德介绍富兰克林和他的儿子认识，安德鲁·布拉福德对富兰克林很客气，还招待他吃了一顿早餐，不过，他告诉富兰克林他这里目前不需要人手，因为他刚找到一位助手，他又告诉富兰克林，城里有一位凯姆尔先生最近要开一家印刷厂，也许他会雇用他。布拉福德先生还承诺，如果凯姆尔先生没有雇佣他，他可以回到这里，他会给他提供住处，并给他一些零活干，直等到他找到工作为止。

老布拉福德先生自愿陪富兰克林去凯姆尔的印刷厂，见到凯姆尔先生后，老布拉福德说，"嘿！朋友，我带了一个年轻的印刷工人来见你，或许你正需要这样一个人。"凯姆尔先生问了富兰克林一些问题，还拿出一个排字架给富兰克林，观察他的身手后，凯姆尔决定立刻雇用富

本杰明·富兰克林画像

兰克林。老布拉福德先生将富兰克林托给凯姆尔先生后，便离开了。

结识州长

富兰克林发现凯姆尔先生的印刷厂只有一架破旧的印刷机和一套磨损了的小号英文铅字。当时，他正用这套铅字替议会里的一位年轻秘书排一首挽歌，那个青年是个优秀的诗人，很受当地民众的拥戴。凯姆尔自己也作诗，但都是些蹩脚的诗，他写诗向来不打草稿，脑海里想起什么便直接用铅字排出来，所以他没有原稿，只有一排铅字盘。

这一首挽歌似乎要用到全部的铅字，又没有人能够帮他，富兰克林试着帮他修理印刷机，以便派上用场，又答应等他把所有的字凑齐排好后，便马上回来帮他印挽歌。晚上，富兰克林回到布拉福德先生家，在那里吃住，并帮他做点事。

几天后，凯姆尔找富兰克林回去印挽歌，他现在又弄到一盒铅字盘，还有一本小册子要再版，这便是富兰克林要做的工作。

富兰克林觉得布拉福德先生和凯姆尔都不具备从事印刷行业的知识和经验，布拉福德先生虽然有些经验，但他并不是这一行出身的，而且文化程度很低；凯姆尔虽然略通文墨，却完全不懂印刷。后来富兰克林还发现在凯姆尔性格里很有点无赖气。他不喜欢富兰克林为他工作时还住在布拉福德先生家。他自己也有一间房子，但是没有家具，没法租给富兰克林，他便带他到他的房东里德先生家去，想让他住在那里。这时候，富兰克林的衣服已经运到了费城，于是，他便穿戴整齐、体体面面地第一次出现在里德小姐的面前。

在镇上待了一些时日后，富兰克林结识了一些年轻朋友，他们也都喜欢读书，富兰克林每天晚上和他们一起自学，非常愉快。靠着平日里的省吃俭用，富兰克林还能攒下一点钱，生活倒也过得十分舒适。他尽量不去想波士顿的家人和朋友，并且不让别人知道自己的行踪，当然，除了柯林斯外。柯林斯知道富兰克林的一切，他也帮他保守秘密。可是，发生了一次意外，使富兰克林提早返回了波士顿。

富兰克林有一个姐夫叫罗伯特·霍尔姆斯，他是一艘帆船的船长。有一次，他在费城下游40英里的纽卡斯尔听到富兰克林的消息，便寄了一封信给他，告诉他家人和朋友对他突然出走都很关心，只要他肯回去，一切都会遂他的心意。富兰克林回了一封信给他，感谢了他的美意，并且说明了自己离开的理由，富兰克林希望这样可以使他相信，自己并不是他想象中那么糊涂。

那时候，宾夕法尼亚州的州长威廉·基思爵士也在纽卡斯尔。当富兰克林的信送达霍尔姆斯船长的手中时，基思州长正好和他在一起，霍尔姆斯便对他提起了富兰克林，还将信拿给他看。州长读完信，又了解了一些富兰克林的事情后，显得很惊讶，他认为富兰克林是个了不起的青年，应当加以鼓励，况且当时印刷业在费城还是一门颓废的事业，如果富兰克林肯在那里开一家店，他断定他一定会成功，而且他还可以帮他揽些政府的生意做。

有一天，凯姆尔和富兰克林在窗口边工作，看到州长和另一位衣着华丽的绅士从马路对面朝他们的店笔直地走过来。凯姆尔以为这两位尊贵的客人是来拜访他的，便飞快地跑下楼去，可是州长却说要找富兰克林。

基思州长径自走上来，非常谦逊而礼貌地和富兰克林寒暄，并说了许多恭维的话，表示希望能与他结识。州长还很委婉地责备富兰克林，为什么刚来费城时没有立刻去找他。之后，州长邀富兰克林同他们一起到酒馆去，他和身旁的弗伦奇上校准备去品尝马得拉岛特产的白葡萄酒。

富兰克林很惊讶他们对自己这个寒酸的印刷工竟如此客气，凯姆尔此时也呆若木鸡，当然，富兰克林还是随着他们一同到了街拐角的一间酒馆。几杯酒过后，基思州长建议富兰克林应该在此地开一间店："很久以前，我就想在这里筹建一家大型的印刷厂，可是没有找到能够胜任的人选，今天碰到你真是太好了！富兰克林先生，你想不想为我分忧呢？"

基思州长还详细说明了成功的可能性有多大，他和弗伦奇上校还向富兰克林保证，他们对富兰克林的事业很感兴趣，一定会帮他揽到政府的生意。

"我很感谢阁下对我看重，可是，我没有本钱去开展这么大的事业。"富兰克林说道。

"至于钱的问题吗，你可以找你父亲商量商量嘛！"

富兰克林却很怀疑父亲是否会支持自己。基思州长说，他将为富兰克林写一封信给约瑟，告诉他这是多好的一件事，毫无疑问，他一定会被说服的。他们认为富兰克林应该带着基思州长的推荐信，搭乘第一班船回波士顿去，同时，这项计划要保密。

富兰克林还像平常一样，继续和凯姆尔一起工作，基思州长经常找富兰克林出去吃饭，他对富兰克林的态度十分和蔼、亲切，也非常友善，富兰克林觉得能和他一起出入费城的大街小巷实在是莫大的荣幸。

1724年4月底，有一艘开往波士顿的小船。富兰克林向凯姆尔请假，说自己要回家探望朋友。基思州长写了一封长信给富兰克林的父亲约瑟，在信中极力夸奖富兰克林，大力推荐富兰克林在费城创业的计划，还说他一定可以赚大钱。

富兰克林乘坐的船一出海后，就遭到暴风雨而搁浅了，船底不停漏水，船上的人们只能不停地轮流向外淘水。最后，总算在两个星期后平安地到达波士顿。

富兰克林已经离家七个月了，家人没有半点关于他的消息，唯一得知他下落的霍尔姆斯又还没回来，也不曾写信提起。所以，富兰克林的这次突然返家让家人既意外又惊喜。

家人看到富兰克林健健康康地站在他们面前，都很高兴，只有哥哥詹姆斯除外。富兰克林到他的印刷厂去看他，此时的富兰克林比从前在他店里工作时体面多了，他穿着一套合身的新衣，又戴着一只表，口袋里还有 5 英镑的银币。詹姆斯不冷不热地招呼富兰克林，将他上下打量一番后就工作去了。

那些工人们十分好奇，不断地问富兰克林离家后的情形，富兰克林向他们说明在费城的生活很快乐，并且表示自己很想再回到那里去。其中一个工人问富兰克林那里使用的货币是什么样子，富兰克林抓起一把银币摊在他们面前，这些人便像在看西洋镜一样看着这些银币，当时波士顿流通的只有纸币，哪里见过这样精美的银币呢！

富兰克林又乘机向他们展示了自己的手表。最后，他又拿了一点儿钱让他们去买酒喝，然后才离开。他的这一次的拜访严重地冒犯了哥哥詹姆斯。当母亲劝说詹姆斯，希望他们兄弟俩能妥协，发挥手足之情共同合作，为了前途而努力时，詹姆斯却回答说："那小子当着工人的面刻意羞辱我，我永远不会忘记这件事，永远也不会原谅那个狂妄的小子！"

约瑟看到了基思州长的信后，显得很诧异，不过却很少对富兰克林提起这件事。当富兰克林的姐夫霍尔姆斯回来后，约瑟便拿这封信给他看，问他认不认识这个人，约瑟认为州长先生建议一个尚未成年的孩子去独立经营事业，未免太轻率了。

霍尔姆斯说他也赞成州长的意见，但是约瑟最后还是拒绝了这个建议。他写了一封很客气的信给基思州长，感谢他对富兰克林的照顾，并且婉拒了开店的主意。他认为自己的儿子太年轻，还不足以承当这么重大的生意，何况他也没有这么多的资金可以帮助富兰克林。

富兰克林的朋友柯林斯在邮局做事，他听富兰克林提起那边的情况后，十分欢喜，于是决定和富兰克林一起去费城。但是，富兰克林还在等待父亲的决定，柯林斯只好先出发，并留下一大堆数学和自然哲学方面的书，要富兰克林帮他带到纽约去，他打算在纽约等富兰克林。

富兰克林的父亲虽然不大赞成基思州长的建议，但是富兰克林能够在短时间内获得当地这种知名人士的赞誉，又懂得勤奋向上，看起来又过得这样体面，他自然感到很欣慰。他眼见富兰克林和詹姆斯之间已没有和解的可能，便答应让富兰克林回到费城。他殷殷地劝告富兰克林要懂得尊敬他人，并且还要努力博得别人的尊重，尽可能改掉讽刺他人的习惯，他认为富兰克林爱讥讽别人的毛病会影响他日后的发展。

约瑟要富兰克林努力工作，节俭自爱，这样到他 21 岁，也许可以存够做生意的钱，如果不够，他愿意到那时再资助儿子一部分。就这样，富兰克林收获了家人和朋友的支持和祝福，再度踏上去往异乡的旅途。

富兰克林所乘的船中途停靠在罗特岛的纽卡斯尔，他打算上岸去找他的哥哥约翰，他几年前结婚后便搬到这里居住。约翰向来都很疼爱富兰克林，多年后再相聚，富兰克林受到他热情款待。约翰有一个叫佛农的朋友住在宾夕法尼亚，欠了他 35 英镑的现钞，他希望弟弟能代他收回这笔现款，并将现款暂时保管，等他这边方便的时候，再通知富兰克林把这些钱汇来给他。

富兰克林离开新港后，在纽约和好友柯林斯会合。柯林斯头脑清晰、勤奋上进，他在数学方面颇有天赋，这一点使富兰克林望尘莫及。当地许多牧师和绅士都很看重他，认为他将来一定会大有成就。富兰克林住在波士顿时，空闲的时间大都和柯林斯在一起聊天。

然而，这时柯林斯却染上了酒瘾，他几乎天天酗酒，又喜欢赌博，将所有的钱都输光了，富兰克林不得不帮他偿付房租和前往费城的路费，以及其他开销，这对富兰克林来说可是个沉重的包袱。

那时候，纽约州州长伯内特听说这艘船的乘客中，有一位年轻人带了很多书同行，便很想见见这个年轻人。在那个时代，喜欢读书并同时能拥有很多书的人是不多的，而且富兰克林又这么年轻。

富兰克林本来要带柯林斯一起去，但是他却酒醉未醒。来到州长家后，富兰克林受到了殷切的招待，州长还带他去参观了自己的书房，里面有很多藏书，他们愉快地谈论阅读和文学。伯内特是第二个对富兰克林礼遇有加的州长，富兰克林认为自己这样一个贫苦的孩子，能够获得他们的厚爱，实在是荣幸之至。

离开州长家，他们继续前往费城。在路上，富兰克林收到了佛农的欠款，如果不是这笔欠款来得及时，他们很可能就无法到达费城了。

柯林斯希望能在费城找到一份会计的工作，也许是被人家闻出他身上的酒气，或者他酒醉失态，虽然他有学识，又有头脑，但却找不到工作。柯林斯搬来和富兰克林一起住，他知道富兰克林身上有一笔佛农的钱，便不断向富兰克林借钱，还保证只要一找到工作便会马上还钱。最后，他借的实在太多了，富兰克林开始焦虑起来，万一哥哥约翰要他汇钱回去可怎么办。

后来，柯林斯遇到一个船长，那个船长正奉巴巴多一位绅士的委托，帮忙替他的小孩物色一个合适的家庭教师，柯林斯和他相谈甚欢，便随着他前往巴巴多，他离开的时候答应富兰克林，一领到薪水便会马上寄回来还债。然而他却一去无音讯。

挪用佛农的钱是富兰克林犯的第一个大错误，这件事情也证实了父亲的看法是正确的，他认为富兰克林太年轻还不足以担当这么大的生意，不过，基思州长看完约瑟的信后，却认为他过于保守了。他说人不能一概而论，年纪大的人不一定谨慎，也不见得年轻人就轻率。他说："我已经下定决心在这里建立一所好的印刷厂，我相信你一定会成功。既然你的父亲不支持你，那我来帮你。你列出一张要从英国购买的物品清单，我会设法替你弄来，等到你将来有能力时，再将这些资产还给我。"

从此以后，富兰克林一直把要在费城开厂的事当作一个秘密，从来没有对人提起过。到后来他才知道，基思州长根本就是一个信口雌黄的人，从来没遵守过自己的诺言。不过是他主动提出来要帮助富兰克林的，因此涉世未深的富兰克林怎么会怀疑他的这种慷慨的真实性呢？

富兰克林将开一家小印刷厂所需的物品列了一张清单给他，估计要 100 英镑。基思州长看完清单后，又问富兰克林是否愿意亲自前往英国采购，这种经验对他来说很有益处。"此外，"他又说，"你还可以借这个机会结识一些朋友，和当地的图书业、文具业建立一点关系。"

富兰克林也觉得这是个很好的机会，所以就同意了。

在启程前数月，富兰克林仍旧和凯姆尔一起做事，凯姆尔和富兰克林相处得很融洽，意见也比较相投，他从来没想过富兰克林要独立开业的事。

这段时间里，富兰克林陷入了爱河。他爱上了房东里德先生的女儿黛博勒。因为两人都刚刚满 18 岁，因此，里德夫人一直在阻止他们走得太亲密。她认为应该等到富兰克林从英国回来，独立开业后再谈及婚嫁更合适。

艰辛的创业之路

遭遇欺骗

基思州长经常邀请富兰克林到他家去，还不断提起要帮富兰克林开业的事，他说他会为他写一些推荐信，还会说服银行给他颁发一张信用证明，好让他能先行买到印刷机、铅字和纸张等。

基思州长和富兰克林约了好几次，说推荐信和信用证明已经准备好了，等富兰克林要去拿的时候，州长却屡次爽约。一直到那艘船经过几次延期，已经确定要开后，州长还没有把信交给富兰克林。最后，富兰克林向他辞行，顺便拿信，他的秘书鲍尔德博士出来见富兰克林，说州长正忙着写信，但是他一定会在开船以前赶到纽卡斯尔，那些信也会及时送到。

陪同富兰克林前往伦敦的是拉尔夫，他已经结婚，还有一个小孩。后来富兰克林才知道，拉尔夫对妻子的娘家不满，所以才前往伦敦，而且他打算永不再回来，把妻儿留给她的娘家人照顾。

和黛博勒小姐告别后，富兰克林便搭船离开费城，船在纽卡斯尔停泊后，州长先生果然已经抵达那里，不过因为他公事繁忙，还是由秘书捎来口信，说会在开船以前把信送来。因此富兰克林就回到船上等着。

安德烈·汉密尔顿先生是费城一个著名的律师，他和一些有钱人已经租下船上的大客舱，因此富兰克林和拉尔夫只能分到三等舱。在船要开以前，弗伦奇上校到船上来看望富兰克林，并将一些信交给了船长。

弗伦奇上校离开后，富兰克林要求翻阅那些信，他相信里面一定有州长为他写的介绍信。船开进英吉利海峡时，船长才允许富兰克林去翻阅那个装信的大袋子。富兰克林翻了一遍后发现，没有一封信是写给他的。他挑出其中六七封，比对了收信人后，认为这应该就是基思州长为他写的介绍信，其中一封写给皇家印刷所的巴斯吉，另一封写给一个文具商。

1724 年 11 月 24 日，富兰克林和拉尔夫抵达伦敦。上岸后，富兰克林立刻去找那个文具商，并将基思州长写的信交给他。可是那人却说他不认识基思州长，他打开信后说道："这是列德斯顿写来的，他是个大骗子，我不要和他有任何牵连，也不愿意接到他的信。"说完，他便将信塞在富兰克林的手上，转过身去招呼客人。

富兰克林仔细考虑了一下，开始怀疑基思的诚意。他去找朋友托马斯·德纳姆先生，并将事情的来龙去脉向他说明。德纳姆告诉富兰克林，基思州长根本不可能替富兰克林写信，凡是了解他的人都知道他是个说话不算话的人，毫无信用可言。当他听说基思要给富兰克林一张银行的信用证明时，不禁大笑说，根本没有信用证明这种东西。他劝富兰克林先在印刷厂找一份工作，这有助于改进他自己的技艺。

列德斯顿是一个大恶棍。他曾经设计里德小姐的父亲为他作保，使里德先生损失了一半财产。由这封信的内容看来，他显然是在策划一个阴谋以陷害汉密尔顿先生，基思州长也参与了这项行动。德纳姆先生和汉密尔顿先生交情很好，他认为应该把这件事告诉他，因此建议富兰克林将信交给汉密尔顿先生。

从汉密尔顿收到信的那天起，他就和富兰克林成了很好的朋友。

拉尔夫和富兰克林在一家旅馆租了一个房间。到了英国后，拉尔夫才告诉富兰克林他想留在伦敦，不再回费城。他身无分文，身上的钱都花在了旅费上，因此经常向富兰克林借钱维生。他试着找了几份工作，都没有成功。

富兰克林进了一家著名的印刷所工作，印刷所位于巴托罗缪街。他在那里待了快一年，工作上也很勤快，不过因为经常和拉尔夫去剧院或其他娱乐场所，富兰克林的钱很快就花光了，而他赚得的钱只够两人糊口。富兰克林也渐渐地忘掉与戴博勒小姐的海誓山盟，只给她写过一封信，告诉她短期内他不会回去。

在印刷所里，富兰克林负责为胡拉斯顿的《自然的宗教》第二版排字。因为对这篇文章的某些观点不太同意，他写了一篇哲学短文来批评他。印刷所的老板帕尔默先生以为富兰克林是一个有前途的青年，因此对他颇为礼遇。

富兰克林的小册子无意间落入了外科医生莱恩斯的手中，他同时也是一位作家。读了富兰克林的小册子后，他便来拜访富兰克林，两人除了在一起谈论问题，莱恩斯还经常带富兰克林到酒馆或咖啡馆去，并为他引见了很多知名人士。

在富兰克林和拉尔夫居住的旅馆里，还住了一个女帽商人，富兰克林称她为 T 夫人。她受过贵族教育，颇有教养，举止活泼，谈吐也很风趣。拉尔夫经常在晚上念剧本给她听，两人也越来越亲近，后来又开始同居。为了维持两人的花销，拉尔夫离开伦敦前往乡下的学校教书。

为了获得更好的报酬，富兰克林离开帕尔默的印刷所，进入林肯学院广场附近的瓦茨印刷所，这是一所规模颇大的印刷所，富兰克林一直在这里工作到离开伦敦时为止。

因为工作努力，技艺精湛，几个星期后，瓦茨将富兰克林从印刷部调到了排字房。

富兰克林工作勤奋，从来不缺勤，再加上排字速度快，因此每逢有急件，瓦茨都喜欢找富兰克林去做，这种急件一般要比平常的报酬还要高，因此富兰克林现在稍微有点积蓄，可以过得舒服一点。

富兰克林一有空闲，便和好友德纳姆先生聊上一两个钟头。德纳姆先生为人忠厚，待人诚恳，富兰克林非常尊重他。

有一天，德纳姆先生告诉富兰克林，他要回费城开一家店，需要筹备很多货品。他建议富兰克林当他的店员，替他记账、抄写文件和经营店面，等到熟悉业务以后，他还会提拔富兰克林，让他到西印度群岛做代理商，假如经营得法，他很快就能赚取一大笔钱。富兰克林已经逐渐厌倦了伦敦的生活，他很怀念在费城度过的快乐时光，因此立即同意了这一建议。

富兰克林又开始天天忙着他的新工作。他跟着德纳姆先生选购不同的商品、监督包装、出外办事或者找工人送货，一直到货物全都运上船后，他才有几天的闲暇。

边创业边学习

富兰克林半身雕像

1726 年 7 月 23 日，富兰克林从伯克郡的格雷夫森德启程，航行持续了两个半月。

富兰克林生长在一个宗教气息浓厚的家庭，父母笃信非英国国教的一派，从小就对他灌输许多宗教观念。富兰克林相信坦诚、忠恳、正直才是人与人之间相处的最重要之道。当他初入社会时，一直保持着良好的品德，也很珍惜这些操守。

10月11日，富兰克林在费城上岸。基思已经卸任州长一职，由柯登少校继任。基思突然看到富兰克林时，显得有点尴尬，一句话也没说就溜走了。黛博勒小姐在接到富兰克林滞留不归的消息后，也在亲友劝说下嫁人了。凯姆尔有了一所比较像样的房子，生意倒很兴隆。

德纳姆先生的店开张后，富兰克林很勤快地照顾生意，学习记账，德纳姆先生像父亲一样教导他，他各方面都颇有进步。但是，在1727年2月初，富兰克林刚过完21岁生日，他和德纳姆先生却同时病倒了。富兰克林得的是肋膜炎，最后痊愈了，德纳姆先生却在病了很久后去世了，他在口述的遗嘱中留了一点财产给富兰克林。德纳姆先生的店由法定执行人接管，富兰克林因此失去了工作。

富兰克林的姐夫霍尔姆斯当时也在费城，他劝富兰克林重操旧业。凯姆尔也很希望他再回去帮忙，还愿意提供高额年薪。找了一段时间的工作，也没有找到合适的，富兰克林再度回到凯姆尔那里。

凯姆尔手下的几个人技艺都不怎么样，而凯姆尔之所以打破惯例给富兰克林这么高的薪水，是希望他来训练这些工资低廉的新手。只要富兰克林把他们教会，凯姆尔就可以一脚把他踢开了。尽管如此，富兰克林还是愉快地开始工作了。

然而，无论富兰克林多么认真工作，他却发现自己的工作越来越不重要，因为其他的工人日有长进，技术已臻熟练。凯姆尔支付第二季度的薪水时，他告诉富兰克林，他认为他的工资太高了，希望能降低一些。凯姆尔现在说话总是很不客气，富兰克林想到他可能因为经济状况欠佳才会这么暴躁，所以依旧忍气吞声地工作。后来由于一件小事情，使富兰克林和凯姆尔彻底闹翻了。凯姆尔告诉富兰克林，他会依照合约，给他三个月的时间准备离开。富兰克林告诉他，他马上就要离开。说完，他拿起帽子走下楼，在门口遇到印刷所的伙计梅莱蒂斯。富兰克林便嘱咐他将自己的东西整理一下，晚上送到他的住处去。

梅莱蒂斯非常尊敬富兰克林。那晚他来找他，劝他不要回波士顿，他说凯姆尔负债累累，印刷所一定很快就会关门，到时候富兰克林就可以借机开一家自己的印刷所。

富兰克林并不赞成他的意见，因为他没有资金。梅莱蒂斯告诉他，他的父亲老梅莱蒂斯可以提供资金。"我和凯姆尔的合同在明年春天期满，到那时候我们在伦敦买的印刷机和铅字就会到了。我知道我的技术不好。假如你愿意，你出技术，我出资本，所获利润我们平分。"

对于梅莱蒂斯这个提议，富兰克林欣然同意了。

老梅莱蒂斯这时候也在镇上，他同意了这个计划。在设备未运到之前，富兰克林在家里赋闲了一段日子，后来，凯姆尔有一个机会替新泽西印制钞票，可是这宗交易需要的技术只有富兰克林懂得。如果没有富兰克林林，这笔生意势必要被别人抢去，他写了一封非常客气的信给富兰克林，恳请他再度回去替他工作。考虑一番后，富兰克林答应了。

他们顺利获得了新泽西那笔生意，为了完成任务，富兰克林还跟凯姆尔到伯灵顿去了一趟。凯姆尔从这笔生意中获得了巨大利润，使他短期之内还不至于破产。

在伯灵顿的三个月中，富兰克林结交了不少当地有权势的绅士，新泽西州州议会组织了一个委员会来监督钞票的印行，以免有人违法滥印钞票。由于富兰克林曾经读了许多书，文化修养比较高，这些人都比较喜欢找他聊天。

从伯灵顿回到费城不久，新的印刷机便从英国运来，富兰克林和梅莱蒂斯在凯姆尔尚未获得消息前向他辞职。他们在市场附近租了一间房子，又将房子分租给玻璃工人托马斯·高德福莱和他的家人，如此便可分担一大部分的租金。

创办报纸的尝试

早在 1725 年的秋天，富兰克林和一些有才能的朋友组成一个名叫"秘密读书会"的俱乐部，他们约定每星期五晚上开会。俱乐部的章程规定每一个社员须依次提出一两个关于道德、政治或自然哲学方面的问题，以供大家共同讨论。讨论必须在会长的指导下进行，必须以尊重真理的诚恳态度来参与讨论，不可以有胜负心或喜好辩论的习性。为了避免引起是非，所有过于主观的意见或者能直接引起冲突的话题都被列为禁止的项目，违者处以小额罚金。除此之外，会员需每三个月交一篇论文，题目自定。

最初的会员有约瑟·勃莱诺、托马斯·高德福莱、尼古拉斯·斯格尔、成廉·鲍森、威廉·穆格瑞吉、休·梅莱蒂斯、斯蒂芬·波兹、乔治·韦伯、罗伯特·葛雷斯、威廉·柯里曼。其中休·梅莱蒂斯、乔治·韦伯、斯蒂芬·波兹都是富兰克林在凯姆尔的印刷所工作时认识的。约瑟·勃莱诺是一位文书；托马斯·高德福莱是个自学成才的数学家；尼古拉斯·斯格尔是一位测量员；成廉·鲍森本来是学习制鞋的，后来通过自学成为一个总测量师；威廉·穆格瑞吉是一位木匠；罗伯特·葛雷斯是一位有钱的年轻绅士；威廉·柯里曼当时在商店当店员，后来成为一个有声望的大商人。

他们的友谊持续了一生，而读书会也维持了很久。读书会的每一个朋友都尽力运用自己的关系，帮富兰克林招揽生意。

当时费城已经有凯姆尔和布拉福德两家印刷所，很多人在一开始就断定富兰克林没有立足之地，但是富兰克林对生意的认真和勤勉都是大家有目共睹的，他的名誉和声望也慢慢传播开来。

乔治·韦伯的女朋友替韦伯筹措了一笔赎金，使他和凯姆尔提前解约，他跑来找富兰克林，希望能在这里当印刷工，当时印刷所并不缺人手，富兰克林便愚蠢地告诉他等到他办报纸的时候，他便可以雇用他。当时费城只有布拉福德发刊的一份报纸，所刊载的又都是一些鸡毛蒜皮的小事，因此只要办一份口碑不坏的报纸，自然就不会亏本。

富兰克林吩咐韦伯保守这个秘密，可是他却告诉了凯姆尔，凯姆尔马上先发制人提出他想要办报的计划，并且邀请韦伯回去负责此事。富兰克林知道后懊悔不已，可是他自己还没能力办报，富兰克林便以笔名在布拉福德的报纸上写了很多文章，后来，勃莱诺又替他写了好几个月。他们利用这种方式将大众的注意力吸引到了这份报纸上，同时又对凯姆尔的计划大加讥讽。

凯姆尔还是开始动手办报了，他创办的《宾夕法尼亚报》发行九个月后，由于读者太少，他又将这家报纸便宜地卖给了富兰克林。此时富兰克林已经准备好了。

他将报纸接过来之后，发行的第一期《宾夕法尼亚报》字体清晰，印制精彩，很快引起了大众的注意。

富兰克林从办报纸的过程中得到两个好处：一是他开始学习写一些时事杂文，二是当地的领导人士看到一个文弱书生在办报，也大力支持并给予相应的帮助。

布拉福德仍然独揽选票、法令和其他公共事务的印刷工作。有一次他印了一份州议会给州长的请愿书，结果不但印刷粗糙而且错误百出，富兰克林立即重复印了一份既精美又准确的讲词，分送给每个议员。他们一眼便能分辨出这两份讲词的优劣，富兰克林的议员朋友也更加努力地为他争取生意。果然，从第二年起，议会就开始将公共文件转交给富兰克林承印。

然而，富兰克林又遇到了难题：老梅莱蒂斯曾答应贷给开店的费用，他确实给了他们 100 英镑，但是付了这笔钱后，他便再也拿不出钱了，还另外欠了一个商人 100 英镑，那个商人要账要得不耐烦，便到法庭控告，使得印刷所面临关门危机。读书会的两个朋友愿意为富兰克林垫付一切必需的款项，条件是必须富兰克林独立经营业务。他们都反对富兰克林继续和梅莱蒂斯合作，因为梅莱蒂斯经常醉卧街头，又品行不端，这会破坏富兰克林的名誉。

但是富兰克林认为，既然当初他和梅莱蒂斯父子达成了协议，他就应该把协议履行到底。后来还是梅莱蒂斯主动提出撤资，富兰克林这才依他所要求的条件，独立承担印刷所的债务，并付了一部分钱给他，两人就这样结束了生意上的合作。

梅莱蒂斯离开后，富兰克林又去找他的两个朋友，分别跟他们借了一部分钱，偿清了店里的债务，这是 1729 年的事。

这时候，一般民众要求发行更多纸币的呼声很高，但是有钱人担心钱币多了会贬值，因此反对增发纸币。

富兰克林极力主张增印钞票，因为 1723 年增印了少量的钞票后，促进了贸易发展，失业人数也有所减少，还吸引了不少居民来费城定居。富兰克林在读书会上提出了这个问题，大家的激烈辩论使他对这个问题更感兴趣，他匿名撰写了一本小册子，题目叫做《试论纸币的性质和必要性》。这篇文章大大壮大了同意增印纸币这一派人的声势，后来这项议案在议会中获得通过，富兰克林的议员朋友们认为他对推动这项方案的通过做出了贡献，理应由他来承印这些钞票以作为回报。这项工作大大缓解了富兰克林经济上的困难。

通过汉密尔顿的介绍，富兰克林又获得了承印纽卡斯尔钞票的机会，这在当时是一个很赚钱的生意，同时也是对富兰克林的一大鼓励。汉密尔顿又替他争取到替政府印刷法令和选票的生意，这项工作以后一直持续到富兰克林结束印刷生意为止。

不久后，富兰克林又开了一间小文具店，出售各种空白单据。由于朋友的帮忙，富兰克林印制的这些单据表格是当时式样最准确的。除此之外，他也售卖普通纸张、羊皮纸和通俗书籍。富兰克林又雇用了一个优秀的排字工人莱特曼许和一个学徒。

稳定的生活

圆满的爱情

富兰克林的妻子黛博勒·里德

富兰克林开始逐渐还清为创办印刷所所借的债款。为了名誉和声望，他勤俭踏实地工作，同时尽量避免奢侈浮夸的生活。他平时很少参加娱乐活动，也从不出去钓鱼或打猎。有空闲时间的话，一本书就是他最好的朋友。

富兰克林和别人做买卖时，从来不拖延债款，深得众人的尊敬，他的事业也一帆风顺。与此同时，凯姆尔的生意却每况愈下，债台高筑。最后，他不得不卖掉印刷所以偿还债务。

富兰克林在费城的竞争对手只剩下布拉福德了。布拉福德生活富裕，根本不需要做太多生意，只零散接一点印刷工作。但是他邮政局长的身份使他比一般人更容易获得新闻，他报纸上的广告也比富兰克林的多得多，因此获利也不少。

布拉福德还利用他的职位，禁止邮差替富兰克林邮寄报纸。富兰克林只好暗中贿赂邮差，请他们偷偷帮他送报纸。

生意有了起色后，富兰克林开始考虑结婚。他常常想起黛博勒小姐，虽然她已经结婚，但是过得并不快乐，她的丈夫是个人品低劣的人，婚后没多久他们就分居了。还有人说他另外还有一个妻子，住在伦敦，因此他和黛博勒的婚姻是无效的，但是也不能跑到伦敦去调查一番，所以这一点无法证实。从那以后，黛博勒小姐总是无精打采的，郁郁寡欢又不合群。富兰克林认为自己在伦敦时轻浮的态度以及久滞不归的情形也是造成她不快乐的原因。富兰克林和黛博勒相处了一段时间，他心中慢慢升起了和她结婚的念头。几年前黛博勒的丈夫因为负债跑到西印度群岛去了，传说已死在那里。如果这个消息是真的，那么富兰克林很可能要替他承担债务，然而爱情的力量终于战胜了一切困难。

1730 年 9 月 1 日，富兰克林和黛博勒结婚了。黛博勒是一个善良又忠诚的妻子，帮助富兰克林照料店务，两人同心协力，创造出了快乐充实的生活。

富兰克林在费城开办印刷所时，当地几乎没有一家像样的书店。事实上，在纽约和费城，一般印刷所也兼营文具店，出售纸张、日历、民谣集和学校通用的教科书等。爱好读书的人只能去英国购买书籍。"读书会"的会员每人都有几本书，一开始他们在酒店聚会，后来租了一个房间作为聚会的场所。

由于研究问题时经常需要参考书籍，所以如果能将书籍集中起来，建立一所公用图书室，这对"读书会"的成员来说一定会很方便。富兰克林把这个想法提出来后，马上得到了全体成员的同意。他们将带来的书摆在房间里，虽然数量不如期望中那么多，但是对大家还是很有帮助的。

这个计划促使富兰克林提出了他的第一个公共事业的计划——兴办一所订阅图书馆。他拟出一份草案，请经验丰富的公证人查理·布鲁克登写成正式的订阅章程，再加上"读书会"的朋友帮忙，富兰克林努力宣传，好不容易才找到50个订阅者，他们大部分是年轻的生意人。每人先交40先令，以后每年各交10先令，以50年为期。后来他们得到特许，订户增加为100人。这便是北美订阅图书馆的前身。

他们就靠着这微薄的资金开始了这项不寻常的计划。书籍都是由英国进口，图书馆每周开放一次供订阅者阅读；如果他们没有按时还书，便要按照书价加倍偿还。这个组织不久便展现出丰硕的成果，其他省份和城镇也纷纷模仿他们的组织。

这种图书馆的形式改进了人与人之间的谈话内容，使得美洲普通的贩夫走卒的思想比其他国家的绅士还要有深度，这也是后来这片土地上的人民能挺起胸膛反抗压迫、追求独立的一个重要原因。

这个图书馆也给富兰克林提供了一个不断提高自己的机会，他每天总要花一两个小时的时间来看书。读书是富兰克林生活中唯一的娱乐，他从不上酒馆，也不参加任何嬉戏应酬。他勤勉地经营生意，生活上也有了很大的改善，但他依然保持节俭的本色。富兰克林的妻子总是快乐地帮他照料店铺、装订小册子、替纸商收购一些亚麻破布等。他们的家具也是最便宜的。有很长一段时间，他们的早餐只有面包和牛奶，盛在一个两便士买来的陶制碗里，用一根锡制的勺子舀起来吃。

完美的道德标准

富兰克林从小便接受长老会的教育，但是他在其中发现不少令人怀疑的论点，因此，他从很早以前就不再参加教会的集会，星期天是他的读书日。但是富兰克林并不怀疑上帝的存在，他相信灵魂不朽、恶有恶报、善有善报等教义。这些教义存在于每一种信仰里，因此他对这些训诫都很尊重。

在富兰克林的阅读中，他发现人们在列举道德品质时说法不尽相同，有的人将它的定义放宽，有的人却将它缩小。以"节制"来说，有人认为它只局限在饮食方面，然而却又有人认为它的内容应该扩展到一切方面，如爱好、欲望、情绪、生理或心理方面，甚至连贪婪和野心也应该包含在内。当时，富兰克林列举了十三项必须遵守而且值得推广的品德项目，每一项的后面都附加几段告诫，使它可以充分表达出富兰克林为这些项目所下的定义。

这些道德规范的名称和它们的含义如下：

一、节制：食不过饱，饮酒不醉。

二、少言：言必于人于己有益，避免无益的闲聊。

三、秩序：每样东西应放在一定的地方，每件事物应有一定的时限。

四、决心：当做必做，决定之事，持之不懈。

五、节俭：于人于己有利之事方可花费，勿浪费一切东西。

六、勤勉：勿浪费时间，时刻做些有用的事，杜绝一切不必要的行动。

七、诚实：不虚伪骗人，思想要公正纯洁，讲话亦如此。

八、公正：不做有损他人的事，不要忘记你应尽的义务，做对人有益之事。

九、中庸：不走极端，容忍别人给予的伤害，将此视作应该承受之事。

十、清洁：力求身体、衣服和住所整洁。

十一、镇静：勿因小事、平常的或不可避免的事故而惊慌失措。

十二、节欲：为了健康或生育后代起见，不常行房事。切忌过度伤体，以免损害自己或他人的安宁与名誉。

十三、谦虚：效法耶稣和苏格拉底。

富兰克林自己做了一本小册子，每项德行各占一项，他用红墨水在每页画出七条直线，每条直线代表一天，然后又用红墨水画出十三条横线，每条横线的前面分别写上每条规范的首字母，每天反省时，如果发现自己犯了一个错误，便在空格里记上一个小黑点。

富兰克林决定每周要特别严格执行其中的一项德行。在第一个星期中，他尽量避免做出违反"节制"的行为，对于其他的德行并不特别注意，到了晚上时，据实将自己那天所犯的过失记录下来。第一周结束后，如果保持"节制"这一条没有污点，便认为自己节制的力量已经增强许多，贪婪的习性也减轻了，这样再将注意力放在第二项，在接下来的一周中，尽量保持这两条都没有污点。按照这种方法实施下来，每十三个星期可以实行一期，一年可分为四期。

这种自我训练的方式就像园丁在花园里除草一样，依着花圃的次序，整理好第一个后，再接着整理第二个。如果一下子将所有的杂草根除，这样太消耗体力，也容易产生挫败感。富兰克林很希望经过一段时间的实行后，可以看到省察表上的黑点一个接一个消失，最后看到一本干净无瑕的册子。

富兰克林的小册子里还附了一张时间表，安排好每天的作息时间。早上五点到七点之间要起床、漱洗、祈祷、计划工作、读书、吃早饭。

上午八点到十一点是工作时间，十二点到下午一点阅读、算账、吃午饭，下午两点到五点工作，晚上六点到八点整理东西、吃晚饭、听音乐或做其他消遣、聊天、反思当天的行为，夜间十点到凌晨四点睡觉。

为了反省，富兰克林开始执行这一计划。除了偶然的间断以外，他一直连续执行了一段时间。令人沮丧的是，他发现自己的缺点比想象中还要多，但是他又很高兴看到它们慢慢减少。

后来富兰克林完全放弃了这一计划，因为在外旅行或因公出国时，常常有许多事物阻挠他执行此计划，但是他身边总是带着这本小册子。

出版商的政治热情

富兰克林铜像

1732 年，富兰克林以理查·桑德斯为名，出版了他的历书，一般人称这本书为"穷理查的历书"，后来富兰克林又继续编写了 25 年之久。

在任何一个国家里，历书大概都是发行量最大的出版物。一个家庭可以没有书、报纸，可是一般都有一本历书。人们可以从中查看潮汐的涨落、月亮的圆缺、季节的变换等。一部好的历书可以为出版者带来厚利，使编纂者声名远播。

富兰克林的这本书包括日历、天气、诗歌、谚语、天文和占星等，偶尔还有数学演习。这本历书先后继续出版了

25 年，给富兰克林本人带来很大的经济成就和知名度。

富兰克林又在日历上重大日子的空白处印上许多箴言，例如：凡以愤怒开始的事必以耻辱告终，等等。这些箴言包括各个时代的智慧，富兰克林将它们全部搜集起来，据此写了一篇文章，放在 1757 年出版的历书的卷首，使它更像一个有智慧的老人在对着世人侃侃而谈。

富兰克林认为报纸也是另一种进行教育的工具，因此他经常在上面转载《旁观者》的文章，以及其他关于道德的文章摘要，有时候也刊载几篇他自己的短文，它们起初都是为"读书会"写的。其中有一篇有苏格拉底的对话，富兰克林想用这篇文章证明，一个邪恶的人即使满腹才华，也不能被称为理性的人。还有一篇文章写道，如果不身体力行，使道德变成习惯，那么这些德行就不能算是完美。

在办报的过程中，富兰克林尽量避免刊载具有诽谤性的或是带有人身攻击意味的文章。有时候，一些作者要求他刊登这一类的文章，他们声称自己有出版自由，就好像是坐马车一样，谁肯花钱，谁就有权力去坐。富兰克林总是回答说，假如他们愿意，他可以将他的文章单独印出来，印多少份都可以，但是他绝对不会将自己的报纸沦为宣传工具。

1733 年，富兰克林派遣了一个印刷工人到南卡罗来纳州的查尔斯顿，因为那里急需成立一家印刷所，富兰克林和这个印刷工人以合伙的关系经营这间印刷所。按照协议，富兰克林提供三分之一的资金和印刷机、铅字等设备，并分得三分之一的盈利。这个工人是个很有学识的人，为人也诚实，可惜就是不会管账，他有时候汇款给富兰克林，但是富兰克林却从来没有看过他的账目。这个工人去世后，他寡居的妻子承担起了印刷所的事务。她不但将以前的账目整理出来寄了一份给富兰克林，以后的每个季度，她都会寄来一份很精确的账目报告。后来她和富兰克林的合约期满时，她还把富兰克林的股份买过去，由她的儿子继续经营业务。

因为合伙开印刷所的生意很成功，所以富兰克林很有信心，想继续在别处经营这种生意。他选派几位表现优异的工人，帮助他们在各地建立印刷所，合作的条件和南卡罗来纳的那家印刷所一样。他们大多数都经营得有声有色，等到六年的合约期满后，他们基本上都有能力从富兰克林手中买过所有的印刷设备，独自继续经营。

富兰克林在1733年开始学习外语，不久后他就能说一口流利的法文，还可以轻松地阅读法语书籍。接着他又开始学习意大利语，那时候他的一个朋友刚好也在学习意大利语，他很喜欢找富兰克林一起下棋。富兰克林发现下棋占去了许多阅读的时间，便和朋友商量，要么两人不再下棋，要么就是获胜的一方有权要求败方在下次见面时背诵一部分意大利语法或者翻译一段文章等，朋友同意了第二种建议。由于这两人棋艺相当，各有胜负，结果彼此的意大利语都大有进步。后来富兰克林又决心学习西班牙文，结果也学得不错。富兰克林年幼时曾在拉丁文学校读了一年，在学了法语、意大利语和西班牙语后，他又去阅读拉丁语的《圣经》，他惊讶地发现自己很多东西居然能看懂，这更鼓舞了他学习拉丁语的信心，而且由于有几种外语做基础，他学起来更容易也更成功。

此时距离富兰克林离开波士顿已经十年了，现在他的生活变得优裕起来，便很想回去看看，拜访一些亲戚。他以前一直没有能力回去，这次总算如愿了。

在回家途中，他顺道到纽卡斯尔去探望哥哥詹姆斯。詹姆斯在那里开了一间印刷所，他老得很快，他请求富兰克林在他死后（他担心他的时间不多了）将他10岁大的儿子带回家去，并且训练他从事印刷行业。富兰克林都答应了。詹姆斯去世后，他信守诺言，先将这个孩子送到学校读书，接着又教他从事印刷工作，等到他长大成人后又将店务交给他。

1736年，富兰克林有一个才四岁大的儿子因感染了天花而夭折。在儿子死后，富兰克林自责不已，很后悔为什么没有提前为他注射疫苗。半个月之后，这位悲痛但又怀有公民良知的父亲却冷静地一连7天在《宾夕法尼亚报》上刊登文章，纠正城里关于他儿子死于接种疫苗的讹传。他指出："由于有人因那报告而延误了自己的孩子接种疫苗，我在此真诚宣布，他（富兰克林的儿子）并非由于接种疫苗，而是由于得了普通感染的疾病。"

政坛新星

步入政坛

富兰克林生平第一次步入政坛是在 1736 年被选为州议会秘书。这一次选举很顺利，他也没有遇到任何对手，但是到了第二年再度被提名时，有一个新议员为了支持另一位候选人，竟然发表了一长篇对富兰克林很不利的演讲。不管怎么说，富兰克林还是被选上了。当秘书不但有薪水，也有机会和议员们做更进一步的交流，还能使富兰克林获得印刷选票、法令、钞票和其他政务上的生意。总体来说，富兰克林对这个职务还是很满意的。

1737 年，前任弗吉尼亚州州长斯波茨伍德上校正担任邮政总局局长一职，因为费城支局长布拉福德玩忽职守、账目不明，他对他的表现很不满意，于是委派富兰克林担任这个职位。富兰克林欣然接受任命，虽然这个职务薪水不高，但是对富兰克林报纸的邮寄有很大帮助，不仅可以促进报纸投递的速度，还可以增加报纸的广告收入和销量。

布拉福德任邮政局局长时，不准邮差帮富兰克林送报，富兰克林上任后，并没有对他加以报复，只是布拉福德在账目方面太疏忽,因此遭到大众的抨击,他的报纸销量也就一落千丈了。

接着,富兰克林又开始考虑做一些有利于大众的事,当然只能从小事着手。他最先想要调整的便是城里的巡夜制度,当时的规定是每个家庭在晚上要轮流派一个人来陪警察巡视,假如不愿意出来巡视,必须每年付给警察 6 先令,这样警察便可以付钱寻找另一个代替者。事实上,另找一个人并不需要花这么多钱,因此警察往往中饱私囊,把这些钱拿来喝酒,然后随便找一些乞丐无赖来充数。

富兰克林针对这个问题写了一篇文章,他指出,不区分具体环境,硬要每一家都支付 6 先令的巡视费实在很不公平,因为一个普通家庭的财产可能不超过 50 镑,而那些有钱的大商人,光是仓库里的存货也许便超过数千镑,所以要大家付同样的钱并不合理。

富兰克林还提出了一个比较有效率的巡夜制度。首先要雇用合适的人去巡夜;其次,巡夜税应按照每个家庭的财富多寡来征收。这个提议先是在"读书会"上获得一致通过,虽然这一计划并没有立即付诸实现,但是几年后,有关这个计划的法律终于获得通过。

在同一时期,富兰克林还写了一篇文章讨论各种意外发生的火灾,警告大家要小心防火,还提出了避免火灾的方法。富兰克林的这篇文章促成了消防队的成立,短短时间内,他们就召集了 30 个会员。他们还约定每月聚会一次,相互交换消防的心得。

保卫乡土

　　大体来说，富兰克林有充分的理由对自己在宾夕法尼亚州的事业感到骄傲，可是还有两件事使他觉得很遗憾，因为当地既没有民兵团，也没有一所大学。

　　1743年，富兰克林拟出了一份建立高等学府的草案。乔治·怀特菲尔德牧师正失业在家，富兰克林想到他是负责这所机构的最佳人选。乔治·怀特菲尔德是美以美教派的主要布道者，他嗓音洪亮，口才极佳，深得教徒的爱戴，他也对教育很感兴趣，曾经尝试过建立一所孤儿院。当富兰克林就这个草案征询他的意见时，他却忙着别的事情。由于一时找不到一个值得信任的人选，富兰克林只好将这个计划暂时搁置。

　　说到防务方面，西班牙和英国已打了几年仗，后来法国又加入了西班牙的阵容，使宾夕法尼亚州陷入紧张局势，富兰克林决心在民众中征募义勇军。为了达成这个愿望，他首先撰写并出版了一本小册子。在这本小册子里，他重点强调宾州缺乏防卫能力的现状。

　　几天后，富兰克林召开了一次市民大会。他把大会的志愿书印了很多份，并针对这个主题发表了演说。民众听完富兰克林的演说后，都迫不及待地在请愿书上签下名，没有一个人提出异议。

这次大会上大约有一千两百人签了名，如果连发到乡下的志愿书也算的话，约有一万人签了名。

这些人都自己准备武器，同时编成了连、团，自己选出长官，每周集合一次进行演练。妇女们则负责制作各种彩旗分送给各单位，旗上画着各种图案和箴言，这些图案和箴言是由富兰克林提供的。

费城各个民兵队的长官在一起聚会时，选举富兰克林做他们的团长。

富兰克林知道自己并不适合这个职位，便推荐劳伦斯先生出任这个职位。劳伦斯先生是位品德高尚又有地位的人，很快便获得大家的拥戴。

富兰克林还提议发行彩券筹措资金，以便在城南设立一个炮台。彩券的销售很顺利，资金很快凑足了，炮台也很快建好了。他们又从英国买来几尊旧大炮，还从纽约州借了十几尊。

富兰克林的几位朋友认为他在这些事务上的表现可能会触犯教友会的教义，使他失去在议会里的势力，因为议会中的议员大多数都属于教友会，而教友会的教条是反对战争的。

关于民兵队的问题，有人赞成，有人激烈反对，不过还是有一些虔诚友善的教友会人士支持自卫协议。

富兰克林在议会待了很多年，很了解大多数教友会议员的尴尬。

教友会的教义是坚决反对战争的，因此每当国王下令要他们拨款补助军需时，他们往往不知如何是好。由于不想触犯政府，又不愿意违反教友会的规则，所以他们经常利用各种名目来敷衍，如果实在避免不了，他们就再想其他办法，以别的名义通过这笔款项，却从来不去过问这笔款项的用途。

有一次因为缺乏火药，新英格兰政府请求宾夕法尼亚州加以支持，尽管州长在议会大力鼓动，议员们却不敢拨款资助购买火药。他们投票通过拨款 3000 英镑给英格兰，名义上是购买面包、面粉、小麦或其他谷类的费用，其实这些"谷类"便是指火药。富兰克林提出发行彩券以购买火药的计划时，他很担心这项计划无法通过，后来还是他的朋友，也是消防队成员的辛格说："假如我们的计划失败了，我们便提议将这些钱用来购买消防机，这样议员们就不会反对了，到时候你们互相提名为采购委员，我们便将这笔钱拿来买一尊大炮。"

美元上的富兰克林像

热心公益

英国与西班牙缔结和约后，民兵队的防御工作也告一段落，富兰克林再度将注意力转移到建立大学上。

富兰克林先邀请一些朋友参加这个计划，这些人大多数是"读书会"的会友。

接着，富兰克林又出版了一本小册子，名为《关于宾夕法尼亚的年轻人的教育提议》。在这本小册子的序言里，富兰克林表明，这一计划的发起人并不单是他一个人，而是一群热心公益的绅士。

他将这本小册子免费赠送给当地的居民，等他们对这件事稍有概念时，他便开始募集资金。最后，他募集的捐款数目不下于5000英镑。

捐献人为了使这项计划马上付诸实施，便在他们中推选了24个委员全权处理这件事，并且推举总检察官弗朗西斯先生和富兰克林为代表，负责拟定大学的章程，章程拟好后又马上租校舍、聘老师，接着学校便开始招生了。

学生的人数不断增加，校舍很快就不够用了，他们又找到一所现成的房子，只要稍加整修，便能满足他们的需要。这所大学便是今日的宾夕法尼亚大学，富兰克林在这所大学担任了将近四十年的委员。

这个时候，富兰克林已经逐渐摆脱了私人的业务经营，虽然还不算富裕，但是所赚的钱也足够舒适地过完下辈子了，因此他打算将剩余的空闲时间花在哲学研究上以自娱。

不过，大家似乎都不想让他闲下来，州长委任他当治安理事，市政机关选他加入参事会，不久又推选他为市议员；市民也选他当州议员，代表他们在议会中发言。富兰克林对州议员的职位还是很感兴趣的，他相信当一名州议员一定可以促进公共福祉的发展。

1751 年，富兰克林的一个好朋友托马斯·庞德医生想在费城建立一所大众医院，专门收容或医治一些贫苦的病人，医疗的对象并不限于当地人。

这是一项很有意义的计划。庞德医生对这项计划很热心，并且四处寻求捐助者，但是这个计划在美洲还是一项新鲜事。最开始的时候，很少人明了它的重大意义，因此庞德医生的活动也不太成功。

后来，他来找富兰克林，并对他说："当我向别人募捐时，他们经常会问我，你和富兰克林讨论过这件事没有？他对这件事的看法怎样？当我告诉他们我没有征询你的意见，他们便犹豫起来，说要好好考虑一下。"

当富兰克林明白这个计划的具体内容和意义后，他不仅自己捐了钱，还热心地帮他宣传。

富兰克林不懂医术，却深谙推动一项事业之道，他运用他在费城人中的影响力和他的《宾夕法尼亚报》的传播力量，帮助朋友募得了大量捐款，并设法使州议会拨给津贴 2000 英镑。

1755 年 5 月 28 日，医院在第八街奠基，基石上的铭文也是富兰克林所写。

虽然费城是个漂亮整齐的城市，街道既宽又直，并且相互交错成直角形，可是因为一直没有铺马路，到了下雨天，载重的马车轮就会深深陷入泥泞中，使马路出现了一个个水洼，人要想走过街道实在很困难，到了晴天时则又尘土飞扬。富兰克林住在靠近市场的地方，每次看到市民吃力地穿过泥沼购买东西，他心里都很不是滋味。

后来，这条马路中央铺上了砖块，来往的行人总算不用在泥沼里走来走去了，可是即便这样，也还是没走到市场，鞋子又被黄泥溅湿了。

富兰克林经常和别人讨论这件事，并且针对这个主题发表文章，后来经过多方奔走，终于使得这条路铺上了石头，这么一来，人们便可以轻松地在市场之间来往，也不必担心弄脏鞋子了。

可是其他的马路还没有铺筑，因此每当马车穿过这些泥泞的道路时，往往又将一些泥巴溅到这条新筑的石头路，不久之后，这条石头路又被泥巴覆盖了。当时城市里还没有清洁工，因此也就没有人将这些泥巴扫走。

经过一番调查后，富兰克林找到一位家境贫穷但是很勤勉的青年人担任扫街工作，他每周打扫两次，还负责将邻近住户门口的尘土打扫干净，每户人家只需每个月付给他六便士打扫费用。接着富兰克林又刊载一篇文章，指出花费很少的钱，却能给自己带来很多好处，例如，鞋子上的泥土减少了，家里就比较容易弄干净了，同时干净的商店又可以招徕更多顾客。

富兰克林将这篇文章挨家挨户分送，过了一两天，大家一致签名同意这件事。实行了一段时间后，大家发现这个计划效果很好。

城里的镇民看到市场附近的道路被打扫得这么干净，都很高兴。慢慢地，大家也有了铺设其他道路的意愿，也愿意为了实现这个目标而多缴纳一些税金。

1757 年，富兰克林起草了一份铺筑全城街道的议案并送到议会。过了几年之后，议会才通过这项议案，并做了一些修改，同时又附加了一项设置街灯的条款，这是一个很大的改进。设置街灯的构想来自约翰·克利夫敦先生，他在自己家门口立了一盏路灯，由此使大家首度兴起了在全城广设路灯的想法。

早在 1742 年，富兰克林就发明了一种炉子，这种炉子能够更好地使房间变暖，同时节省燃料。富兰克林做了一个模型送给罗伯特·葛雷斯先生，葛雷斯先生发现改良后的火炉销路很好。

为了促进火炉的销路，富兰克林出版了一本小册子，名字叫《对于宾夕法尼亚新近发明的火炉的说明》，对于它的构造和使用方法都有详细的说明。

托马斯州长对这种火炉的结构很满意，他想授予富兰克林一年的专利权，使他可以独自销售它，但是富兰克林却婉拒了他的好意，他很乐意地将自己的发明无偿地奉献给世人，为世人服务。

为民谋利

联合自卫的努力

　　美洲邮政总局局长曾经委派富兰克林帮他管理许多邮政分局，并且监督这些分局的账目，富兰克林跟随他多年。这位先生于1753年去世后，英国邮政总局局长下了一道委派令，指定由富兰克林和威廉·汉特先生继任他的职位。如果邮局经营得法，他们两人每年可以从邮局的利益中抽600英镑作为年薪。

　　任职于邮局的这一年，使得富兰克林得到一个到新英格兰出差的机会，那里的剑桥大学决定要颁给富兰克林一个文学硕士的学位。先前，在康涅狄格州的耶鲁大学也曾经颁给他一个相同的荣誉。他们颁发学位给富兰克林，主要是表扬他在电学项目上的重大改进和发明。

　　1754年，英国与法国又面临着爆发战争的危险，商务大臣下令各个殖民地分派代表到奥尔巴尼，和印第安"六个民族"的酋长共商防御他们的部落和美洲殖民地区的安全。汉密尔顿州长接到这项命令后，选派议长诺利斯、富兰克林、托马斯和秘书彼德斯组成一个代表团，代表宾夕法尼亚州出席这项会议。他们于 6 月中旬在奥尔巴尼会见了其他各地的代表。

在赶赴奥尔巴尼的途中，富兰克林草拟了一项议案，主张各个殖民地联合起来，归属于一个共同的政府之下，如此才能有强大的防卫力量。路过纽约时，富兰克林将这项计划拿给詹姆斯·亚历山大和坎纳德先生过目，他们两位对于政治是颇有研究的。看过富兰克林的计划后，他们都很赞同，这更增强了富兰克林的信心，因此富兰克林便大胆地在会议中提出了这项议案，并获得一致通过。大会组织了一个委员会，由各个殖民地推举一人参加，并且考虑了许多计划和报告，其中富兰克林的计划最完整，经过一番修订后，便正式向大会提出。富兰克林的计划是，联邦政府将由总统一人管辖，总统由英王委任并受英王节制，并由各殖民地的议员分选出几名代表，组成一个共同的议会。

这项议案提出来后，委员会将计划抄本分送到商务部和各州议会，令人意外的是，各州议会并不赞成这项议案，到后来衍生出了另一个方案，即由各州议会选出一些代表，共同商议组织军队、建筑炮台等事宜，并且请英国财政部支付这些费用。后来，英国国会还针对此事通过一项议案，加收美洲的税收以偿还这笔费用。

这一年在赴波士顿的途中，富兰克林在纽约遇到刚从英国归来的宾州新州长莫理斯，两人相谈甚欢。但是莫里斯一直和议会冲突不断。莫里斯是业主任命的，他自然站在业主一边（宾夕法尼亚原为业主殖民地，是1681年英王查理二世赐予威廉·宾的土地。后来，威廉·宾的两个儿子继承产业。业主在其领有的殖民地享有委派包括州长在内的官吏、否决议会议案、免交捐税等特权），坚持认为业主不应该缴税，而议会却持相反观点。有一次，宾州议会通过了拨款60000英镑的防务经费，但要求业主也应纳税。这时，一直顽固不化的业主由于受到伦敦方面的舆论压力，也命令他们的总管拿出5000英镑，以"礼物"的形式捐助宾州的防务。

对英军的支援

英法战争如火如荼地展开了。英国政府并不同意各州在奥尔巴尼提出的联盟计划，他们相信如果美洲联合起来进行防御，那么这个殖民地的军事力量将会越来越大，以至于难以收拾。同时，因为战争的缘故，英军计划从新英格兰和纽约进攻尼亚加拉、克朗、波因特和阿卡迪亚的军事行动。由于不允许各殖民地联合抗敌，建立自己的武装，只得从英国本土运兵到北美作战。

英国政府派遣布雷多克将军率领英国两个团的正规军来协助美洲的防卫工作。宾州的议会从别处得到一些消息，获悉布雷多克将军对教友会的议员们存有强烈的偏见，根本不愿意来执行这项任务，便派遣富兰克林去招待他。

富兰克林在马里兰的弗雷德里克遇到这位将军，他正在那里等待马里兰和弗吉尼亚州募集运输马车的士兵。富兰克林在那里陪他住了好几天，每天与他同桌共餐，利用各种机会消除他对议会的成见。正当富兰克林准备动身返回宾州复命时，征集马车的报告到了，副官们征集到的只有 25 辆破货车，其中还包括一些破得没法用的。布雷多克将军闻讯大失所望，埋怨英国政府命令军队在缺乏运输工具的地区登陆。副官们也纷纷议论这次远征必败无疑。

富兰克林提议他们应该在宾州登陆，因为在宾州，几乎每户人家都有一辆马车。布雷多克将军听完，马上请求富兰克林帮他们征用马车，他们愿意付给每个车主一定的报酬，如果马车或马匹折损，他们也会原价赔偿。

两星期后，富兰克林帮他们征用了 150 部马车和 259 匹驮着货的马。不久，富兰克林又为军中的军官们解决了日用品紧缺的问题。布雷多克将军又进一步请求富兰克林帮他们负责军需的供应，富兰克林答应了，并且每日忙忙碌碌地采办军粮，直到听到英军败北的消息为止。

此时，富兰克林已经为采购军需垫付了高达 1000 英镑的费用，他寄了一张账单给布雷多克将军，幸运的是，将军在看到这一账单后，立刻令人将 1000 英镑还给富兰克林，余款则等到下一次再付清。但是剩下的余款富兰克林后来也没有收到。

布雷多克将军是一个勇敢的人，可惜他太过自信，对于自己部队的作战能力估计过高，低估了美洲人和印第安人的实力。宾州的印第安翻译员乔治·克罗汉带了100名印第安人加入了他的阵容，如果他能重用他们的话，他们本来是可以成为很好的向导和侦查员的，而他却有意忽视他们，克罗汉忍无可忍，终于弃他而去。

不久，布雷多克率军向杜奎恩堡进发时，遭到了埋伏敌军的袭击，英军措手不及，加上有辎重马车随行，全军秩序大乱，被敌军杀得惨败。布雷多克将军受了重伤，几天后便去世了。率领后续部队押送粮草辎重的邓巴上校闻讯后，不仅没有奋勇作战，反而一头扎进费城，不敢迎敌了。

富兰克林后来写道："这件事第一次使我们美洲殖民地人民想到，我们对于英国正规军的英勇无敌推崇备至，是毫无根据的。"

英军登陆后的第一次行军，抢劫掠夺，无所不为，使得某些穷苦家庭完全破产。他们的行为和1718年通过殖民地的法军相比，简直有如天壤之别，这批法军从罗得岛行进到弗吉尼亚州，一路上秋毫无犯。

布雷多克将军的所有文件全部落入敌军手中。他们将其中一部分文件翻译成法文，并且印行出来，证明英国政府在战争之前就对法国抱有敌意。在这些文件中，富兰克林曾看到几封将军写给内阁的信，其中对富兰克林为军队效劳一事推崇有加。然而，由于这次远征出师不利，富兰克林对他们而言也就没有多大价值了。

富兰克林曾请求布雷多克将军，让他把要将他们从宾州买来的侍者征召入伍，并释放那些已经被征调的侍者。将军很爽快地答应了。可是轮到邓巴上校执行这项任务时，他可就没有那么慷慨了。当他仓皇中逃回费城时，富兰克林请他将兰加斯德三个贫穷农民的侍者释放，他还提醒邓巴上校，关于这件事将军已经下过命令。上校说他们过几天会经特瑞顿到纽约去，如果那几个农民能到特瑞顿去找他，他就将他们的侍者还给他们。那几个可怜的农民依照约定不辞辛苦赶到特瑞顿，还花了一大笔旅费，而上校却食言了。

因为在战争中损失了很多马车和马匹，这时候，所有的物主都来找富兰克林，希望英军能依约赔偿。富兰克林告诉他们，赔偿金已经在军需官的手中了，不过一定要等谢莱将军颁发命令才可以发放。他一再向他们保证，并请他们务必要忍耐。

然而，富兰克林的保证和解说并不能令他们满意。有一些人甚至开始控告他，后来，谢莱将军派了几个委员来审查损失的案件，调查清楚后，赔偿金才发到物主手中。这笔赔偿金高达 20000 英镑，如果要富兰克林自己赔付，一定会使他倾家荡产。

在英军尚未败北之前，有两位医生曾拿了一张募捐单来找富兰克林。他们准备一听到胜利的消息后就召开庆祝会，所以希望富兰克林能捐献点钱来购买烟火。富兰克林告诉他们，等到胜利后再筹备也不迟。他们都很惊讶，其中一个说："你难道不认为我们一定会攻下那座城堡吗？"

"我不知道我们是不是会拿下那座城堡，我知道战事变幻无常。"

富兰克林向他们解释清楚后，他们放弃了募捐。如果烟火都准备好了，他们才是欲哭无泪呢。

现在，由于英军战败，各城镇的民兵团纷纷成立，开始展开训练。州长指派富兰克林负责指挥西北边境的防卫事宜，因为此地经常遭到印第安人的袭击，他希望能招募兵士，建立一连串的防守据点，保护沿线的居民安全。富兰克林认为自己并不是合适人选，不过他还是毅然接下统率民兵的事务。州长委派富兰克林全权处理此地的防务，还给了他一些空白的委派令，让他自己委派合适的人当军官。

召集兵士并不困难，短短的时间内，他们就召到560人，全部由富兰克林领导。富兰克林的儿子威廉先前在对加拿大的战争中当过军官，现在也成为富兰克林的副官，他对富兰克林的帮助很大。印第安人已经烧毁了弟兄派教徒聚居的纳登荷，而且屠杀了许多居民，但是富兰克林认为这个地方的地理形势不错，应该在此建立一个炮台。

为了向纳登荷进军，富兰克林先在伯利恒召集各民兵团，那里是弟兄派教徒的主要居留地。富兰克林很惊讶那里的防御工作做得如此完备；原来，纳登荷的毁灭使当地的居民了解到灾难已经近在眼前，因此提高了警惕。他们从纽约买来充足的武器和弹药，当地主要房屋都用栅栏围起来。他们甚至还在高大的石屋窗户间的石梁上放置了许多铺路石，如果印第安人企图进攻这里时,妇女们便可以站在高高的石梁上,拿石头朝印第安人的头部砸去。

这里的教友派参加守卫,井然有序地轮班戒备,像任何驻防城市的守备队一样。这个地方已经获得英国国会的同意,豁免组织民兵防卫的责任。有一次在和施金堡主教的谈话中,富兰克林提到了自己的疑问,主教回答说,这确实不是教友会立教的信条之一,可是根据一般常识,近在眼前的危险有时候确实会让人改变。

大约在 1 月初,富兰克林就派人着手修筑炮台了。他先派遣了一个支队到密尼西克,指示他们在那里建造一座炮台,保护地势较高的居民,另外又派了一队到地势低的地区另造一座炮台;富兰克林则自己率领其他的部队到纳登荷去修筑炮台,弟兄派教徒替富兰克林弄来五部马车,以便运送工具、食物和行李等。

在富兰克林离开伯利恒之前,有 11 个农民被印第安人从自己的田庄赶走,跑来请求富兰克林供应他们一些武器,使他们可以夺回自己的牲口。富兰克林分给他们每人一支枪以及适量的弹药。前行不久,开始下起滂沱大雨,整整下了一天,路旁又没有任何住户可以让他们躲雨,因此,他们只能狼狈前行。直到傍晚,他们才来到一处德国移民的谷仓里避雨。幸好在行进路上没有遇到袭击,因为他们的武器都很普通,不防水,而印第安人却能够灵巧地设计出防水防潮的装置。

他们那一天遇上的 11 个农民被印第安人杀死了 10 个，唯一的一个幸存者后来告诉富兰克林，他和同伴的枪支都无法发射，因为火药被雨水淋湿了。

第二天，天气晴朗，富兰克林带人抵达了荒芜的纳登荷。那里有一间锯木厂，附近散放着几堆木材，建筑一栋小木屋是当务之急，因为当时天气寒冷，他们又没有带帐篷，需要赶快找到安身处。

第二天早上，他们将炮台设计好，选择了台基，炮台周围总共达 455 英尺。富兰克林带人将 455 根栅栏紧密排列，每根栅栏由直径为一英尺的树干制成。他们带来的 70 把斧头立即派上了用场。士兵们灵巧地挥动斧头，建筑栅栏的工作立即展开。士兵们的进展速度很快，砍一棵直径 14 英寸的松树只要几分钟的时间。每一棵松树可被锯为 3 根 18 英尺长的木桩，每一根的一端要削尖。伐树的工作正在进行时，其他人便沿着预定位置的周围，挖掘三英尺深的壕沟，使木桩能够插进里面。五辆四轮马车负责从森林里将木桩运到建筑炮台的现场。虽然那个星期里常常隔一天便要下一次大雨，他们还是迅速地将工作完成了。

这次事件使富兰克林有机会悟出一个道理：当人们有工作可做时，他们就会非常满足，脾气很好也很快乐。如果知道自己今天干得不错，下工后他们会心旷神怡地度过整个晚上；但是在空闲的日子里，他们会变得脾气暴躁，并且经常抱怨，抱怨猪肉味道太差、面包难吃以及其他芝麻小事。

这种炮台虽然简陋,可是用来对付印第安人却绰绰有余。他们目前的处境很安全,万一发生不利的情况,也有后路可以撤退。他们在附近搜索印第安人足迹的时候,发现了印第安人趴在附近侦察炮楼进展的痕迹,四周的草地上有他们躺过的痕迹。印第安人总有自己的一些独特发明。那时正值隆冬,需要生火取暖,可是在地面上生火很容易暴露身份,所以印第安人就在地上掘一个三英尺宽的深洞藏进去。他们拿着斧头到森林去,将地上一些烧过的木炭取来,然后利用这些木炭在洞底生起小火,他们躺在草地上,两脚伸到洞里,使脚部能够保持温暖,这对他们而言,是相当重要的一点。由于这种炭火很微弱,因此别人无法从它的零星火光发现他们的藏身之处。看起来他们的人数不太多,如果他们前来偷袭的话,也不太有获胜的可能。

富兰克林计划修建的三个炮台基本上全部完成了,这时他接到了州长的来信,通知他如果边境的事务已经料理好,他也不需要再在此地待下去,他们希望他返回费城参加会议。富兰克林在议会里的朋友也写信给他,请他尽可能回去参加会议。这时有一个新英格兰的军官克雷汉上校来参观他们的防御工作,上校在之前在对印第安人的战役中表现相当突出,他答应接受富兰克林的委任,担任指挥官一职。他是一个优秀的军官,对于军务相当娴熟,比富兰克林更适合担任这个职位,所以富兰克林就放心地回去了。

回到费城后,富兰克林发现民兵团的工作进行得相当顺利，除了教友会人士外，当地的居民几乎都加入了这个组织，并且依据新法律，自己选出队长、副官，以及旗帜。军官们集会时，推选富兰克林为民兵团团长，这一次他很高兴地接受了。他们一共有1200位雄赳赳的战士列队游行，同时还有一支拥有六门铜制的野战炮炮队，炮兵们的技巧娴熟，可以在一分钟内发射12枚炮弹。富兰克林第一次接见民兵团时，他们护送他回家，还在他的府邸门口发了几响表示敬意，结果却把富兰克林做的电学玻璃仪器震碎了。

在富兰克林担任团长的短暂时期，有一次他到弗吉尼亚出差，民兵团的军官派了三四十个人护送他出城，富兰克林事先并不知道他们的这项计划，否则他一定会断然阻止，因为这违背了他处事低调的原则。他心中有点儿懊恼，不过又无法拒绝他们的好意。更糟糕的是，富兰克林一出发，这些民兵就开始沿路挥剑致敬，以壮大他的声势。从来没有人享过这种威风，州长没有，业主们也没有。有人写信告诉业主，使他们觉得受到了严重的冒犯，他们认为这种荣耀只有皇室贵族才能享受到。

不论如何，这一举动大大增加了业主对富兰克林的敌意。早先在议会时，对于豁免业主不动产税收的事，富兰克林曾经持反对意见，这使他们早就对他心存成见，如今富兰克林这种行为不啻是火上浇油。业主们向英国政府控告富兰克林是推行皇家势力的大障碍，同时他们又举出富兰克林和军官游行的例子，指出富兰克林想从他们手中夺过统治宾州的权力，他们还说富兰克林在议会里运用势力，使筹款法案不能顺利通过。他们又向邮政总局局长福根纳勋爵要求，请他撤去富兰克林的职位；但是，勋爵除了对富兰克林进行了一番小小的告诫外，并没有撤去他的职位。

议会和州长之间的争论仍然持续不断，富兰克林身为议员，自然难以幸免。议会的回复和答辩全都由富兰克林拟稿，不过这并不影响他和州长的私人友谊，两人仍然很友好地往来，这或许和莫里斯州长的职业有关，他原本是一名律师，他也许认为他和富兰克林只是同一个案件中的两个辩护者，他为业主辩护，富兰克林为议会辩护，在案件之外，他们不应该有什么私人仇恨。州长经常来拜访富兰克林，遇到困难时也会征询他的意见。

莫里斯离任后，由丹尼上尉接替他的职位。

政治家的科学研究

富兰克林除了从事公共事务之外，在学术研究方面也蒸蒸日上。富兰克林所处的时代，正值资本主义上升时期，也是自然科学蓬勃发展的时期。

17 世纪中叶以来，西欧出现了许多伟大的科学家，他们在力学、光学、磁学和热学等领域都有了一些成就，相形之下，电学显得很落后。

那时的电学实验还只限于用猫皮摩擦火漆棒、电能发生电火花、人接触电火花后感到震动等。对于电是什么、它的运动方式如何等问题，尚无进一步的探索。喜好观察、实践的富兰克林进行了大量实验，成为近代电学的奠基人。

正在进行实验的富兰克林

1746 年，荷兰莱顿大学的教授慕欣勃罗克在做电学实验时，无意中把一个带了电的钉子掉进玻璃瓶里，他以为要不了多久，铁钉上所带的电就会很容易跑掉。过了一会儿，他想把钉子取出来，可当他一只手拿起桌上的瓶子，另一只手刚碰到钉子时，突然感到有一种电击式的振动。他又照着刚才的样子重复了好几次，每次的实验结果都和第一次一样，他由此得到一个结论：把带电的物体放在玻璃瓶子里，电就不会跑掉，这样就可以把电储存起来。这就是莱顿瓶的由来。

莱顿瓶很快在欧洲引起了强烈的反响，电学家们不仅利用它作了大量的实验，而且做了大量的示范表演，有人用它来点燃酒精和火药。也是在这一时期，富兰克林在波士顿遇到一位斯宾斯博士，博士为富兰克林展示了一些电学实验。由于他的技术不很熟练，因此这些实验做得并不很完美，不过对富兰克林来说，这是一个很新鲜的领域，他很感兴趣。

　　富兰克林回到费城后不久，订阅图书馆的同伴收到了伦敦皇家学会会员柯林逊先生寄来的一份礼物——一个玻璃试管。柯林逊先生还附带说明如何使用这种仪器。富兰克林抓住这个机会，重复练习他之前在波士顿看过的实验。由于不断练习，他的技巧日趋娴熟，他又根据英国寄来的说明，加入了一些新的实验。

　　富兰克林认为，所有的自然物体中都含有电，电只有一种，物体的正负电决定于其含电太多或含电太少。当物体中所含的电超过了正常含量时，称此物起了正电；如果少于正常含量时，称此物起了负电。电可以用正负符号来区别，但不能把它们看作是截然不同的两种流体。这是电学史上第一个明确的、前后一致的电学学说。富兰克林还利用充电体之间静电的吸力和斥力的作用，制造了一个简单但又异常灵敏的机械，称为"电轮"。在这个机械里，轻圆盘以每分钟50周的速度旋转，实际是不断地把电能转化为机械能。这个发明预示着现代电动机的出现。

　　为了要在朋友间推广这项实验，富兰克林从玻璃厂定制了许多相同的玻璃管，如此一来，朋友们也有了自己的仪器可以照做，"这样我们终于有了好几个表演者了"。富兰克林的朋友们帮他向参观者演示摩擦生电等电学现象，其中有的还独立地得出了些电学上的小小发现。这些人中间以金纳斯莱先生最为杰出，他是富兰克林的邻居，是个非常聪明的人，那段时间刚好失业在家，富兰克林便鼓励他表演这项实验赚钱。富兰克林还替他写了两篇演讲词,阐明实验的方法,并将实验过程的难易依次解释清楚,这样一来,观众们看了前面的实验后,就可以清楚地了解到后面的步骤。

在当时,雷电这种具有巨大破坏性的可怕的自然现象的本质是什么,对人们来说还是一个谜。流行的看法是,它是"上帝之火",也有人猜测雷电是毒气在天空爆炸。关于电火花和雷电属于同一性质在当时还只是个猜想,没有实验证明。学术界比较流行的是认为雷电是"气体爆炸"的观点。

在一次实验中,富兰克林的妻子黛博勒不小心碰到了莱顿瓶,一团电火闪过,黛博勒被击中倒地,面色惨白,足足在家躺了一个星期才恢复健康。这虽然是实验中的一起意外事件,但思维敏捷的富兰克林却由此而想到了空中的雷电。

经过反复思考,他断定雷电也是一种放电现象,它和在实验室产生的电在本质上是一样的。于是,他写了一篇名叫《论天空闪电和我们的电气相同》的论文,并送给了英国皇家学会。但富兰克林的伟大设想竟遭到了许多人的嘲笑,有人甚至嗤笑他是"想把上帝和雷电分家的狂人"。

富兰克林决心用事实来证明一切。1749 年 11 月 7 日,富兰克林在他的实验记录中记下了这样的话:

电的流质同闪电在这样一些方面是一致的:1. 发光;2. 光的颜色;3. 弯曲的方向;4. 迅疾的运动;5. 由金属而发生;6. 爆炸声;7. 存在于水或冰中;8. 撕

裂或震动通过的物体；9. 击毙动物；10. 熔化金属；
11. 使可燃物着火；12. 硫黄味。

电流质被尖状物吸引。我们不知道闪电是否只有这一特性。但鉴于它们在所有我们已经作过比较的各方面都相一致，它们就可能在这一点上一致吗？让我来做这个实验。

富兰克林很感谢柯林逊先生送给他们的试管和其他物件，因此他觉得应该把自己的实验成果告诉他，他一连写了许多信向柯林逊先生说明他的实验。柯林逊先生在皇家学会宣读这些实验成果，但是一开始大家都不以为意。

1750 年 7 月 29 日，富兰克林正式公开地向英国皇家学会提议进行证明雷电是电的实验。而在此之前 9 个月，他已自己决定了要做这实验，并详细介绍了实验方法：

在某一高塔或塔尖顶上放置一种守望棚，大小足够容纳一个人和一个电座。在电座中央树一根铁竿，将这铁竿弯起来通到门外，然后垂直竖起 20~30 英尺高，顶端尖利。如果那电座保持干净和干燥，人站在电座上，当雷雨云经过时放出电和火花，铁竿将把火从云中吸向他。如果担心那人会有危险（虽然我认为没有危险），可以让他站在棚里地板上，不时地用金属线圈去接近铁竿，那金属线圈的一端有皮带，他用一根蜡做的把儿握着它，那铁竿受电后将从铁竿传往线圈而无害于他。

　　富兰克林当时还不清楚这种实验的危险性。1750 年圣诞节前两天，他准备用电来电死一只火鸡时，他的一只手和身体的其他部位遭到电击，他有几分钟的时间失去了知觉，肩上的麻木感直到第二天早上才恢复。

　　1752 年 5 月 10 日，戴立巴德先生和德罗先生在巴黎郊区成功地完成了富兰克林提出的实验——从云端摄取闪电，这个实验吸引了国王前往观看，于是全巴黎的好奇人士都跑去观赏。这么一来，富兰克林立刻声名大噪。

　　在费城，圣诞节前的危险事件并没有吓倒富兰克林。当再次从费城和宾州的公共事业中脱身后，富兰克林的注意力重又回到雷电和电的问题上来。

　　1752 年 7 月的一个雷雨天，富兰克林用绸子做了一个大风筝，风筝顶上安了一根尖细的铁丝，又用丝线将铁丝连起来通向地面，丝线的末端拴一把铜钥匙，钥匙又插进一个莱顿瓶中。富兰克林将风筝放上天空，一阵雷电打下来，只见丝线上的毛头全都竖立起来，用手靠近铜钥匙，立即发出电火花。

　　富兰克林发现，储存了天电的莱顿瓶可以产生一切地电所能产生的现象，这就证明了天电与地电是一样的。在 1747 年，富兰克林就从莱顿瓶实验中发现了尖端更易放电的现象，等他发现了天电与地电的统一性后，就马上想到利用尖端放电原理将天空威力巨大的雷电引入地面，以避免建筑物遭雷击。

1753 年，俄国著名电学家利赫曼为了验证富兰克林的实验，不幸被雷电击死，这是做电实验的第一个牺牲者。

富兰克林在死亡的威胁面前没有退缩。经过多次实验，他制成了一根实用的避雷针。他把几米长的铁杆，用绝缘材料固定在屋顶，上面紧拴着一根粗导线，一直通到地里。当雷电袭击房子的时候，它就沿着金属、通过导线直达大地，房屋建筑完好无损。

1754 年，避雷针开始应用，但有些人认为这是个不祥的东西，违反天意会带来旱灾，便在夜里偷偷地把避雷针拆了。然而，科学终将战胜愚昧。一场挟有雷电的狂风过后，大教堂着火了，而装有避雷针的高层房屋却平安无事。避雷针相继传到英国、德国、法国，最后普及世界各地。

富兰克林对科学的贡献不仅在静电学方面，他的研究范围极其广泛。

在光学方面，富兰克林发明了老年人用的双焦距眼镜，戴上这种眼镜既可以看清近处的东西，也可看清远处的东西。他和剑桥大学的哈特莱共同利用醚的蒸发达到零下 25℃低温的现象，创造了蒸发制冷的理论。

此外，他对气象、地质、声学及海洋航行等方面都有研究，并取得了不少成就。

富兰克林的实验成功后，皇家学院才又重新考虑那些已经在他们面前宣读过的，他们认为"没有价值"的文章。这些文章的价值得到证实后，皇家学院修正了对富兰克林的态度，开始颁给他一些荣誉，并将他选为皇家学院一员，每年可以免缴 25 基尼的会费。他们还将高德福莱·柯普立勋爵在 1753 年的金质奖章赠给他，在颁奖典礼中，皇家学院的会长做了演讲，对富兰克林推崇备至。

为了最后的胜利

漫长的旅途

新州长丹尼上尉和议会之间摩擦不断，而富兰克林作为议员，自然要从公民的整体利益考虑。不过，富兰克林和州长间并没有任何私人成见，他们时常相聚。丹尼上尉是一位有见识的人，见过世面，和他谈话是一种享受。他还为富兰克林带来了多年不见的詹姆斯·拉尔夫的消息。拉尔夫现在被誉为英国最好的政论家之一，每年有 300 英镑的俸金。

到了 1756 年年底，宾夕法尼亚的形势空前危急：法军仍然占据着杜奎恩，8 月以来还拿下了英军在奥斯维格的堡垒。11 月，一印第安人袭击了艾伦堡，并烧毁了村庄和富兰克林指挥建造的木堡。

州长要求议会拨款 12 万 5 千镑用于来年的军务，议会只拨款 10 万。州长否决了这项折中的议案，并说要将议案的副本上交国王。议会推选富兰克林为代表，前往英国向国王陈述这样做的理由。

富兰克林和莫利斯船长约好，要搭他停泊在纽约港的那艘船前往英国。此时驻美英军司令劳顿勋爵抵达费城，他告诉富兰克林，他是特意来替州长和州议会调解的，他希望丹尼州长和富兰克林都能亲自去见他，这样他便可以听到双方的陈述。

富兰克林同意了。在调解现场，富兰克林代表议会提出种种辩解，州长不断为业主辩护，他说他已经和业主订立契约，如果他违约，他的前途便化为乌有，即使劳顿勋爵对他提出忠告，他也不肯贸然一试。最后，勋爵希望议会向州长妥协。后来富兰克林回忆说："他（指劳顿勋爵）恳求我利用我的力量和他们一道来达到这个目的，他声言他不能分出英王的军队来保卫我们的边境，如果我们自己不继续做防御准备，我们的边境必然容易遭受敌人的袭击。"

富兰克林向议会提出会谈的结果，并将他拟的一套解决方法交给他们，里面声明他们绝不会放弃那些权力，只不过在受到武力的压迫下，暂缓执行这些权力，如此一来，议员们总算愿意放弃这项条款，另外再拟出一条比较符合业主心意的法案。州长当然通过了这项法案。

协商结束后，富兰克林赶往纽约，准备搭船前往英国，因为他提前把行李放在了莫利斯船长的船上，现在那艘船已先行开走了，这使他蒙受了一些损失。

劳顿勋爵在富兰克林之前赶到了纽约，那时候的商船都必须得到他的允诺才可以出航。当时有两艘船停泊在港内，他告诉富兰克林，其中一艘很快就要起航了。富兰克林向他询问精确的时间，以免错过船班。他回答说："我下令让它在星期六开船，不过如果你在星期一早上赶到，还是可以赶上的，但是不能再迟了。"

由于一些意外原因，富兰克林赶到时已经是星期一的中午了。那艘船仍然停在码头，别人告诉他，要到第二天才会起航。

别人都以为富兰克林会马上就搭船前往欧洲去，他自己也是这样认为的。可惜那时候他不了解勋爵的为人，劳顿勋爵个性中最鲜明的一点便是犹豫不决。富兰克林是在 4 月初抵达纽约的，可是一直等到 6 月底才搭上船。当时有两只邮船留在港内已经停留很久了，但是为了等待勋爵的信件，这两只邮船都被扣下了，他总是说信第二天就可以写好。后来又有一艘船被扣留。富兰克林搭乘的这艘船是第一艘获准放行，可是停在港内等待的时间也最长。在他们起航前，第四艘船正驶入港口。所有船只的舱位全都定好了，有些旅客十分焦急，商人们为他们的信件担忧，为他们替秋季货品保险的申请单担忧（因为这是战时）。但是他们的焦虑毫无用处，劳顿勋爵的信还没有写好。但是去拜访他的人却看见他整日伏在案头，手里拿着笔，总以为他必须回复许多信件。

有一天早上，富兰克林亲自去问候他，恰巧在勋爵的接待室里遇到一位从费城来的邮差伊涅斯，他奉丹尼州长之命给将军送一份小包裹，他也替富兰克林带来一些费城朋友写给他的信。富兰克林问他什么时候返回费城，他说他会在第二天早上九点前来取勋爵写给州长的信，一拿到信他就会返回费城。

富兰克林当天便将回信交给了他。两个星期后，富兰克林又在勋爵家遇到他。

"伊涅斯，你这么快就回来了？"

"回来！不，我还没回去呢。"

"怎么会这样呢？"

"我每天早晨奉令到这里来取州长的信，可是两个星期过去了，回信还没写好。"

"这怎么有可能，他不是一个大作家吗？我每次总是看到他坐在写字桌旁，不停地工作。"

"是的，"伊涅斯回答说，"他就像招贴上的圣·乔治一样，总是骑在马上，却从来不曾往前骑。"

这个邮差的比喻真是精确。后来富兰克林在伦敦时，彼特部长便以此为由将劳顿勋爵撤职，另派安麦斯特和乌尔佛将军来接替他的职位，因为他从来没有接到过劳顿将军的任何报告，不知道他到底在美洲做什么。

那些旅客每天都在等着开船，他们担心船只会突然得到起航的通知，使他们来不及上船，所以都觉得还是留在船上比较放心。后来的另外三艘船却被下令驶到圣德·胡克，跟随那里的舰队起程。富兰克林和船上的人一共等了六星期，所有为航行准备的贮粮都吃光了，只好重新采购。

在纽约等待船起航时，富兰克林接到了他为布雷多克采购的各种货物的账单，有一些费用他一直无法从经手人那里收齐。富兰克林将这些账单拿给劳顿勋爵，希望他能将他预垫的钱付清。劳顿将军把这些账单交给他的财务官做了一番调查，财务官逐项核对后，发现所有的账目都很正确，于是勋爵便答应富兰克林会将这笔钱还给他。不过，他后来却一再推托，富兰克林经常按照指定的时间去取钱，却从来没有拿到过。就在富兰克林离开纽约之前，他告诉富兰克林，经过仔细地考虑后，他决定不将他自己任内的账目和前任的混在一起。他说："至于你，到了英国后，只要将你的账目呈给财政部，他们就会立刻将钱付给你。"

富兰克林解释说，由于在纽约等船等太久，已经花掉一大笔费用，因此他希望能够立刻拿到这笔钱。他又说，他这次为英军服务没有得到任何利益，如果又要拖延偿他预垫的款项，实在很不合理。

劳顿将军听完后说："哦，先生，别想用没有捞到利益的这个借口来说服我，这种事我见得多了，而且了解其中蹊跷，谁不会在为军方做事时趁机将自己的口袋填满？"

富兰克林向他解释自己绝对不是那种人，可是将军摆出一副完全不信任他的态度。至于他所预垫的钱，也一直没有得到赔偿。

后来舰队终于启程了，载着劳顿将军和他的军队前往路易斯堡，去进攻那里的炮台。所有的商船都伴着将军的舰队前去，以便当将军准许他们起航时，可以随时接到命令。跟着将军出航后五天，他们才接到开航的通知，他们的船因此脱离舰队，航向英国。其他两艘船则继续被他扣留住，并且载着乘客随他一同到哈里法克斯，他在那里待了一段时间，训练部下在假的城堡上演习，接着他又改变心意，不想攻击路易斯堡，他带着军队和两艘商船返回纽约，所有的乘客也随着他转了一大圈。劳顿将军离开纽约的那段时间，法国人和印第安人已经攻下边境的要塞乔治堡，在征服该地后，印第安人屠杀了许多已经投降的士兵。

富兰克林后来在伦敦遇到鲍纳尔船长，他曾指挥那几艘船中的一艘。他告诉富兰克林，他们被扣押了一个月后，他向将军报告说，他的船底长满了海藻贝壳等物，需要清理一下，否则会影响行船速度。对一艘商船而言，速度是很重要的。他请求将军给他一点时间，使他可以清理一下船底。将军问他需要多少时间，他回答说三天。将军答复他，如果可以在一天内弄干净，他便答应，否则免谈。就这样，鲍纳尔船长的船总共被滞留了整整三个月。

富兰克林在伦敦还遇到一个鲍纳尔船长的乘客，他对于将军把他们扣留那么久，后来又带着他们往返哈里法克斯一事非常愤怒，发誓一定要控告他，要他赔偿所有的损失。

很多人都很奇怪，像劳顿将军这样的人怎么能肩负重任，统率整个大军。如果他们了解那个时代获取权势的手段，以及在位者的动机，就不会觉得奇怪了。

依富兰克林的看法，如果谢莱将军在布雷多克死后，能够继续出任这项职位，那么1757年的那场战役，他一定会指挥得比劳顿将军还要出色，谢莱将军虽然不是军人出身，可是他处事有见解，为人又很睿智，并且能够衷心接受别人的劝告，决断英明，执行计划时迅速敏捷。

劳顿将军面对战争时轻率的态度实在令人难以接受，他不但不用他强大的军队保护殖民地的安全，反而径自到哈里法克斯巡视，让百姓暴露在敌军的视线下，导致整个乔治堡全部沦落于敌人的手中。除此之外，他也破坏了美洲的商业组织。他长期禁止各种货物出口，借口只是防止敌军获得供给品，这一举动的结果是导致美洲贸易额锐减，不过，据说他这样做只是为了压低粮价，好使商人们从中得利，获得的利益也有他的一份。后来出口的禁令解除了，可是他又粗心大意没有即使通告查理镇，使得卡罗来纳的舰队在那里多被拘留三个多月，船底都被虫蛀烂了，以致其中一大部分船只在归途中沉没了。

对于一个不熟识军务的人，统率大军作战也是一项沉重负担。当时纽约市民为劳顿勋爵就职举行了盛大的欢庆宴会，当时富兰克林和谢莱将军都参加了。谢莱将军那时已经卸任了。由于有一大群官员来参加这个盛会，宴会中的很多椅子都是临时借来的，富兰克林发现其中有一把椅子特别低，凑巧又是保留给谢莱将军的。当时富兰克林坐到他旁边对他说，"先生，他们给你的座位太低了。"

谢莱将军语重心长地说："没关系，富兰克林先生，我觉得低座位比较容易坐。"

在起航前，富兰克林乘坐的那艘船的船长一直在夸耀他那只船的行船速度，不幸的是，开船后，他们所乘的这一艘却是所有船只中最慢的。大家对于船行速度如此慢的原因各持着不同的看法，船长对此羞愤异常，几番推测后，他下令所有的人都到船尾去，而且尽可能站在旗杆旁。连同富兰克林在内的乘客共有四十人左右。当他们站到船尾后，船速突然加快，很快就将与它并行的另一艘船抛在后头，这个事实证实了船长的推测，盛水的水桶一向放在船首，船首的载重量太大。船长下令将所有的水桶移到船尾，于是船只便恢复了正常的速度，成为舰队中最突出的快船。

船长说它有一次曾经航行到每小时 13 海里的速度，这艘船的乘客中有一位坎纳德船长，曾经在海军服务。他坚称那是不可能的事，从来没有船只能达到那么快的速度，如果不是测程仪上的分线发生错误，就是测程仪有问题。这两位船长还下了一个赌注，决定等一个风和日丽的日子，由坎纳德船长负责检验测程仪的精确度，并且亲自投掷测程仪，几天以后的一个风清气爽的日子，坎纳德量了一下仪器，证实自己输了。

在当时，造船的技术还不够成熟，一般都要等到船下水后，才能测出这艘新船的性能。即使仿照一艘性能优良的船只另做一艘，也未必会有同样好的性能，结果甚至可能正好相反。一般的船只很少是由一个人设计完成或驾驶的。通常都是这样的情况：一个人造好了船身，另一个人把装备套好，第三个人将货物装好，并且负责驾驶它。这三个人中，没有一个人知道其他两个人的想法和经验，因此无法从整体中得到一个正确的结论。

除此之外，其中有一部分原因要归于船员们对载重量、货物的装备、航行的方法的把握。因此同样一艘船，在某个船长的驾驶和指挥下，也许会比另一个人驾驶这条船时开得更快或更慢。就拿海上航行来说，富兰克林经常发现，虽然风向是一样的，可是由于值班的人不一样，加上他们驾驶船只的方法也不同，有的人会将帆拉高，有的人却将它扯平，他们似乎没有固定的驾驶方式。

富兰克林认为应该先做一个实验，首先要试验什么样的船身航行得最快，其次要确定船桨的最佳尺寸和位置，然后再试验帆布的质地，以及风向不同时应该将帆拉成什么方向，最后再决定如何安排装载的货物。

当时是一个实验的时代，富兰克林设想，如果能发展出一套精确的实验，再把它们组合起来应用，一定能收到很好的效果。

在航行的过程中，他们的船被赶超了好几次，不过倒能一路领先，30 天后，他们已经到达浅水地区了。经过仔细地推算，船长判断出他们已经快靠近英国南部的海港法尔默斯了。如果在夜里航行顺利，第二天就可以抵达港口。

他们选择夜间航行，主要是为了回避在海峡口巡弋的敌舰。于是，他们升起所有的帆，全速前进，由于海面上波浪平静，再加上顺风顺水，船航行得很快。船长经过一番观察后，制定出了抵达港口的路线。根据他的设想，这样就可以绕过史西莱群岛，可是圣·乔治海峡附近有股暗流，这股暗流时常瞒过水手们的眼睛，之前有一支舰队就是这样沉没的。

船首有一个瞭望员，他们经常对他喊："仔细注意前方啊！"他总是回答说，"是，是！"可是谁知道他当时正在干吗呢，人们对他喊话时，他只是机械性地回答。或许他那时候正闭着眼，陷入半睡眠状态，这也就是为什么他没有看到前面的灯塔。

那盏灯恰好被船的副帆遮住，所以驾驶员和其他的瞭望员都没有发现，由于船只偶然偏离航向，他们才发觉船只已经很靠近它了，这使他们大为惊慌。

在富兰克林看来，那盏灯简直就像一个货车车轮一样大。那时候正是午夜，船长在舱底蒙头大睡。坎纳德船长发现这个危境后，立即下令将船头调转，这种急转很容易使船桅受到损伤。好在他们总算顺利脱险，没有发生事故，如果船只笔直地朝着矗立灯塔的那块礁石冲过去，后果真是不堪设想。经过这次事件，富兰克林深深认识到了灯塔的价值，他下定决心，如果能活着回到美洲，一定要再大加提倡修筑灯塔的重要性。

船行到第二天早晨，离港口已经不远，只可惜一片浓雾遮住了眼前的视线。上午九点左右，浓雾开始消退，他们可以清晰地见到法尔默斯镇以及港口的船只和四周的田野。这对于在大海上航行多时的人来说，实在是一幅最美的景观，而且在战争期间能够穿越重围，平安到达，总是令人欣喜的，因此大家的兴奋之情也就更异于平时。

富兰克林的儿子陪他同行，两人上岸后立即出发前往伦敦，在路上也只是稍稍逗留一小段时间，只参观了索尔兹巴立平原的史前石柱群，又到威尔顿参观了潘伯罗克勋爵的府邸和花园，以及他那些稀世的珍奇古玩。

伦敦的抗争

1757 年 7 月 20 日，富兰克林父子抵达伦敦。

富兰克林立刻搬进查理为他们准备好的房子，查理是宾州派驻来此地处理一般事务的代表。接着，富兰克林前往拜访福瑟吉尔博士。曾有人嘱咐富兰克林，到了伦敦后应该先跟福瑟吉尔博士商量一下要进行的计划，听听他的意见。博士反对马上去向政府控告，认为应该经过双方的切磋和调解，先和业主之间达成协议，这样才能使业主用平和的手段来解决这件事。

富兰克林接着去找他的老友彼德·柯林逊先生，他一直和他保持通信。柯林逊告诉富兰克林，有一位弗吉尼亚州的大商人约翰·韩布雷曾经问起富兰克林到达的日期，以便在他抵达时，顺便带他去拜访格兰维尔勋爵。格兰维尔勋爵当时是枢密院的院长。

富兰克林同意第二天随他一同前去。根据约定，韩布雷先生在第二天早晨用马车来接他。到了格兰维尔勋爵家中，勋爵十分客气地接待了富兰克林，并询问了一些美洲的事务。他对富兰克林说："你们美洲人对于你们的宪法性质有一些错误的看法，你们以为国王下达给州长的训令并不是法律，可以任意自由决定是否遵守吗？可是那些命令并不像一般给出国大使的谕令一样，指示他们在某些场合的礼仪和行为表现。这些法令都是先由精通法律的法官草拟好，然后交由枢密院，经过一番考虑、辩论、修正后，再呈交国王签署。因此，就它和你们的关系而言，它就是你们的法律，因为国王是殖民地的立法者。"

富兰克林告诉他："这对我是闻所未闻。根据我们的宪章，我一直以为我们的法律是由我们的议会制定的，它当然要呈请国王批准，但一经批准，国王就无权加以废除或更改。所以虽然议会不经国王的批准不能制定永久性的法律，但是不得到议会的同意国王也不能立法。"

和格兰维尔的谈话在富兰克林的心里蒙上了一层阴影，也使他萌生出警惕之心。他现在知道英国政府对他们的看法了。他回忆起 20 年前，有大臣在国会中提出一个法案，使国王的命令成为殖民地的法律，可是这一条文却被下议院删掉，那时候富兰克林对英国政府是非常敬佩的，认为他们是自己的朋友，是自由的朋友。可是现在，富兰克林体会出，国会拒绝赋予国王这项主权，也不过是为了将这项权利保留给他们自己。

几天后，福瑟吉尔博士和业主们协商一致，决定在托马斯·潘先生的家中接见富兰克林。业主们极力地为他们的行为辩护，富兰克林也竭力地为议会辩白，这时候看起来，双

在伦敦法庭上的富兰克林

方的分歧太大，根本没有和解的希望。后来得出的结论是，富兰克林必须将他们对业主的不满以书面形式呈上去，他们答应要好好考虑这些意见。

富兰克林照做了，可是业主们却将这一份书面意见交由他们的律师斐迪南·约翰·巴黎斯处理。这位律师是一位非常骄傲又暴躁的人，他在辩护的理由上相当薄弱，可是言词却很傲慢。

业主们希望富兰克林能和律师讨论一下，可是富兰克林拒绝和任何人商谈，坚持要和业主本人谈。业主们听从他的意见，将富兰克林那一份书面文件交给总检察官，希望能征询他的意见。就这样，富兰克林那份文件足足被搁置了近一年。

在这段时间里，富兰克林经常要求业主给他答复，但是他们都以总检察官还没有提出意见为由拖延时间。最后他们到底有没有接到总检察官的意见，富兰克林也不得而

知，不过却由巴黎斯起草并签名写了一封长信寄给议会，为业主的行为提出辩护，尽管理由都很薄弱。信中还引述富兰克林提出的文件内容，埋怨他写得不得体，措辞不文雅，他们还说，如果议会能够选派一些公正诚恳的人为代表，他们一定会很乐于和解，言下之意指富兰克林并不是一位很正直的人。

他们控诉富兰克林写的文件既不得体又粗鲁，很可能是因为他没有以他们的头衔"宾夕法尼亚州真正而绝对的业主阁下"来称呼他们。富兰克林之所以删掉这个头衔，因为他认为这种文件中用不着冠以这种赘词，这个文件的目的只是在于把事实用文字记录下来。

1760 年 6 月，正当业主把这个案件搁置不理时，宾州议会却设法让丹尼州长通过一项议案，要求通过发行 10 万英镑纸币以及业主的地产也须纳税的议案。宾州正为这个议案吵得沸沸扬扬，因此议会没有回复巴黎斯的来信。

这个消息传到英国后，业主们坚决反对这项议案，他们向国王请愿，国王派人在枢密院组织了一个听证会，业主请了两名律师来辩驳这个议案，富兰克林也请了两名律师来支持这项议案。业主们认为这项议案是想加重他们的税款，以便减轻普通人的负担，如果这项议案产生效力，会导致业主们破产。

富兰克林回答说，这项议案绝对没有这种企图，也不会产生那种结果，因为那些税款对业主而言太微不足道了。这些估税员都很诚实又有原则，绝对不会为了自己的利益而加重业主的税款。

这便是双方当时提出来的证词。富兰克林强调说，如果取消这项议案一定会产生不良的后果，因为宾州已经为此印了10万英镑的钞票供给国王的政府使用，而且这些钱都已经发行出去，如果现在断然取消，一定会使那些人濒于破产。业主们如此害怕被课重税实在毫无根据，他们的自私行为会造成灾难性的后果。

说到这里，枢密院的曼斯菲尔德勋爵对富兰克林做了一个手势，示意他到秘书室去，这时候律师仍然在辩论。曼斯菲尔德勋爵问富兰克林如果执行这项议案，是否绝对不会损害到业主的财产，富兰克林肯定地回答绝对不会。

"那么，"他说，"你愿意立约担保这一点吗？"

富兰克林回答他说："当然不成问题。"

曼斯菲尔德勋爵让人把业主的律师请进来。经过一番商讨后，双方都同意这项建议，前提是做一些小的修改，枢密院的秘书为此草拟一份保证书，富兰克林和查理都在上头签字。曼斯菲尔德勋爵将签好的文件拿回枢密院，这条法律终于获得通过。

富兰克林和他们约定，以后会再提出另一条法律来修正其中几点。可是议会却认为没有必要，因为在枢密院将这条法令送到宾州之前，他们已经向业主征收了一年的税。他们推选了一个委员会去调查估税员的种种措施，经过一番仔细的调查后，他们联合签署一个报告，认为税收方式非常公平。

议会审查了富兰克林签订的契约上的第一部分，发觉第一部分声明保证流传到各处的纸钞的信用，对于宾州很有贡献。因此富兰克林返回费城后，他们都对他极为感激。

"印花税"之战

富兰克林的儿子威廉从英国回到美洲后，就任新泽西州长之职。富兰克林怀着忐忑的心情到儿子的辖区巡视了一番，最后满意而归。他在给朋友的信中说："我刚从他的辖区旅行归来，我高兴地看到他所到之处受到各阶层人民的极大尊敬甚至爱戴。"

富兰克林回到美洲后第一年的很大部分时间用于处理邮政事务。当时，加拿大已被英国掌握，纽约和蒙特利尔及魁北克之间必须建立某种通信联系。富兰克林还视察了从南部弗吉尼亚到东部新英格兰的地方邮政局。

1764年，印第安人与移民者的冲突被平息后，宾州州议会通过了一项国民自卫队议案和拨款议案，但马上被州长约翰·宾（宾州第一位业主威廉·宾的孙子）否决了。其后，关于拨款的议案争论了一个月，仍不能达成一致。3月24日，议会将这一议案再次交给州长，并附上一张便条，措辞强烈并带有刺激性，那便条可能是富兰克林写的。同一天，议会决定上书英国国王，把宾夕法尼亚转归英国国王直接保护和治理。

在休会期间，富兰克林撰写并印刷了一本题为《关于我们公共事务目前形势的冷静思考》的小册子。他指出：业主统治者并不比其他的统治者更坏，在业主统治下的人民也不比在其他统治者之下的人民的处境更坏；既然争执由双方引起，那么双方都有责任，原因不在于人类的邪恶和自私，而在于宪法，在于业主政府的性质本身。

这一小册子的发表在费城的政界引起了轩然大波。

当时，英国政府对北美殖民地的政策已经引起了殖民地人民的普遍不满。

1764 年 3 月，英国财政大臣乔治·格兰维尔宣布了向殖民地征税和管理殖民地贸易的新法规，包括当时提出的印花税议案。该税法规定美国殖民者所使用的每一份印刷品都要买一张英国的印花，这意味着北美殖民者必须为每一张报纸、每一份文件，甚至是每一张卡片都要支付印花税。殖民地人民拒绝支付印花税。殖民地大会批准决议，提出英国国会根本就没有权力为美国殖民地制定税法。

富兰克林自己也因之改变了对英王乔治三世的看法，他原来坚信英国国王具有使人民获得幸福的美德和良知，但是现在他发现，殖民地人民的利益牢牢地握在英国当局手中。

1764 年，富兰克林第二次赴伦敦，要求英王保护殖民地利益，黛博勒没有随他同去。只是谁也没想到，他这一去就去了十年。

富兰克林代表宾州议会来英请愿，实际上包括两方面的内容：一是请求英王建立对宾夕法尼亚的直接统治，二是反对英王批准印花税法。前者是为宾州人民请命，后者是为北美殖民地人民的共同利益而斗争。富兰克林又在克雷文街7号住下来了。距离 1765 年 1 月 10 日英国国会开会的日期已经很近。

关于请愿的第一项内容，枢密院的态度十分冷淡，他们甚至不愿意倾听请愿书的内容。一直到 1765 年 11 月，富兰克林才设法将请愿书呈递给那些大臣。这时，枢密院却推说国王无权干预业主和他的人民之间的事。

对于印花税的征收，富兰克林早就持反对态度，但是在一开始，他的态度是温和的。

他在 1763 年 4 月 30 日的信中写道："我们的看法或意愿，对你们而言或许是微不足道的。我们在你们的掌中，如同陶土在制陶匠手中……"

他指出，"你们做的有害于我们的事，很少有不同样或更多地有害于你们。……所以你们从税收上得到的，必将在贸易上失去。"

"印花税提案"在英国国会几乎未经讨论便通过了。第二天，富兰克林向费城报告说，"尽管我们提出了所有的反对意见，'印花税提案'还是被英国国会通过。"

该议案将于 1765 年 11 月 1 日起实施。

"印花税提案"通过后的一天，富兰克林收到财政大臣格兰维尔的秘书惠特利的一份通知，希望第二天上午见他。到了地方后，富兰克林发现其他殖民地的代理人也在那里。惠特利告诉他们说，英国政府不打算从英国派去征收印花税的官员，而准备在当地居民中委任一些为人谨慎而又卓有声望的人士担任此职，以免使美洲殖民地人民感到不便和不快。这样做，殖民地人民会觉得容易接受一些。显然，英国政府是在玩弄政治手腕，目的是顺利收取印花税，但富兰克林还是决定"合作"。他认为既然印花税的征收已成定局，不如让殖民地的人自己管理。

富兰克林的美洲同胞并不这样认为。他们认为凡是不正当的就要反对，英国国会向美洲殖民地征税是越权。因此，他们猛烈地反抗了，民众纷纷发表激烈的反对演讲，斥责这一专制行为。

富兰克林继续为同胞的利益奋斗。他同一般的英国政治家交谈，力图和他们沟通思想，使其理解乃至接受自己的观点。他还和英国与美洲殖民地有关的工业资产阶级、商人、运输业人士联系，鼓动他们向议会、政府施加压力。1765年 12 月 4 日，商界人士在金斯阿姆斯酒店聚会，酝酿联合上书请愿，要求废除"印花税法案"，并准备为下院安排一次听证会来证明该法案的恶果。

富兰克林在英国下议院辩论时，坚决主张废除《印花税法》，为殖民地的革命者代言。1766 年 2 月 13 日，富兰克林来到众议院论述废除《印花税法》的理由。在长达四小时的时间里，面对着众议员，富兰克林回答了 174 个问题。后来英国哲学家伯克描述了这场戏剧性的答辩，说那就像是一位大师在回答一群学生的提问。在富兰克林的劝说和殖民地民众的斗争下，印花税在实行后的第二年被取消。

美国之光

驻英代理人

印花税被废除后，富兰克林要求宾州议会准许他回到美洲去，而州议会却任命他为下一年宾州驻英代理人。

但是英国并没有放弃向殖民地征税的想法，不久新税种又出现了。为了强制征税，英国甚至派遣部队进驻美国，费用自然由殖民地居民承担。局势再度紧张。富兰克林预料形势将会恶化，一场殖民地居民和英国人之间的战火即将点燃。

英国统治者为了发展本国的资本主义工商业，不惜用各种手段打击、摧残北美殖民地的工商业。这一次，英国的商人、厂主甚至工匠都站在他们的政府一边。而殖民地人民尚未准备好迎接不可避免的越来越艰巨的斗争：他们还没有统一，他们中的大多数人还愿意效忠英王。

1767 年 1 月，英国议会在财政大臣查尔斯·唐森德的建议下，通过了一个新的税收法案《唐森德税法》，北美殖民地因为该法案再次开展大规模抵制英货的活动，英国因此向殖民地地区派遣了大量的军队，但由于军纪不严，军队严重滋扰当地居民的日常生活，英国士兵与城市居民的关系日益恶化。

从 1765 年英国颁布了驻营条例以后，一直有两团正规军驻防波士顿。这些驻在北美殖民地的英国士兵，完全蔑视殖民地的法令，常常胡作非为，酗酒闹事，殖民地人民和英国驻军的冲突从未间断，尤其是 1770 年以来。这年 2 月，英国税吏开枪杀害一名儿童，引起 3 月 2 日波士顿工人和英国驻军第 20 团发生正面冲突。3 月 5 日，波士顿又发生了英军凌辱学徒事件，殖民地人民愤怒地聚集到驻扎英军的英王街上，对那名凌辱学徒的英军投掷雪球以泄愤。英军指挥官普利斯顿上尉下令开枪，打死了 5 名群众，全部是水手、工人和学徒。这一事件被称为"波士顿惨案"。

几年前北美殖民地的民众几乎不会想到"独立"这种字眼，但这时宣告独立似乎成为唯一可行的办法。尽管富兰克林一直希望不要出现这样的局面。

"哈钦森信札"事件

1773 年下半年，英国和北美殖民地之间的关系继续恶化。茶叶成为双方矛盾斗争的焦点。在唐森德条例被废除后，茶税仍然保留着。

1773 年，英国政府为倾销东印度公司积存的茶叶，通过了《救济东印度公司条例》。该条例给予东印度公司到北美殖民地销售积压茶叶的专利权，免缴高额的进口关税，只征收轻微的茶税。条例明令禁止殖民地走私茶叶。东印度公司因此垄断了北美殖民地的茶叶运销，其输入的茶叶价格较"私茶"便宜50%。便宜的价格打压了本土的茶叶销售，而导致很多的走私商人和本地种植商人无法生存。

该条例引起北美殖民地人民的极大愤怒，纽约、费城、查尔斯顿人民拒绝卸运茶叶。1773年11月，东印度公司装载342箱茶叶的船只开进波士顿港。12月16日，波士顿8000名群众集会，要求停泊在那里的东印度公司茶船开出港口，但遭拒绝。当晚，反英群众在波士顿茶党组织下，化装成印第安人闯入船舶，将东印度公司三条船只上的342箱茶叶(价值18000英镑)全部倒入大海。

这一消息传到伦敦，富兰克林不以为然。他认为倾茶事件是"暴烈的非正义行动"，波士顿人对此应主动、迅速地做出赔偿。而在这时，他自己的一场莫大的麻烦已经近在咫尺。

英国政府采取高压政策，1774年先后颁布系列法令，封锁波士顿港口，取消马萨诸塞州的自治，在殖民地自由驻军等。这更激起殖民地人民的强烈反抗，使英国政府与北美殖民地之间的矛盾日益尖锐，公开冲突日益扩大。

当时富兰克林断言，派遣更多的英军去殖民地，只能证明英国对殖民地的敌意，后来他获知这些部队都是亲英的马萨诸塞州哈钦森州长要求部署的。

哈钦森曾多次写信给英国的官员，批评马萨诸塞州的局势，并建议剥夺殖民地区所谓的英国式自由。他的建议和主张对 1768—1769 年英国当局对北美殖民地的高压政策起了推波助澜的作用。

这时的富兰克林在 1768 年被乔治亚、1769 年被新泽西委任为代理，马萨诸塞州也想委任富兰克林为代理人，却遭到州长哈钦森的反对。

几年之后，也就是 1772 年，哈钦森州长写给英国官员信件传到了富兰克林手中。他把它们交给马萨诸塞州的朋友看，请他们在殖民地官员中秘密传阅，但不要公开。他的这种要求显然过于天真，结果这些信件被公开出来，自然引起了一场轩然大波。

马萨诸塞州的议会领导人收到富兰克林转给他们的信件后，十分气愤，便向英国政府要求解除哈钦森的州长和奥利佛的首席检察官的职务。于是，哈钦森信件的情况逐渐为世人所知。

这件事传到伦敦后也引起了一场混乱，英国政府想弄明白是谁泄露了这些信件，并把它们交到了殖民地居民的手中。

富兰克林自然不希望暴露自己，但当他的一位朋友也被列为嫌疑人时，富兰克林感到自己有必要站出来承认是他公开了这些信件。

1774 年 1 月 11 日，在富兰克林 68 岁生日前 6 天，他接到一份来自伦敦枢密院的邀请，邀请信措辞友好。富兰克林以为枢密院考虑请他接替哈钦森州长的职务。但是三个星期后，当富兰克林走进枢密院时才发现，他要面对的是有关泄露哈钦森信件的调查。

枢密院里坐满了议员和旁听者，在一个半小时的时间里，富兰克林站在那里接受副检察长韦德伯恩的训斥，他对富兰克林进行了肆意恶毒的人身攻击。听证会结束后，富兰克林镇静地走了出来，一语未发。过去富兰克林的殖民地同胞批评他过于倾向英国，而英国人却谴责他过于美国化。

1774 年 1 月 29 日，富兰克林走进枢密院时还是个忠诚的英国人，但是当他离开时却成了纯粹的美国人。

荣耀一生

富兰克林准备离开英国时，收到了妻子黛博勒去世的消息，这让他非常痛苦。尽管他曾经劝妻子到伦敦与他团聚，但黛博勒却不愿漂洋过海。

1775 年 5 月 5 日，富兰克林回到了费城。

半个多月前，费城已经准备投入一场战斗，起因是盖吉将军手下的一支英国部队在莱克星顿和康科特街与武装民兵发生了冲突。

回到费城的第二天，富兰克林就投入了如火如荼的战斗中。

　　他担任宾州治安委员会主席，主持地方军委，并和潘恩共同起草了州宪法；他作为宾州代表出席第二次大陆会议，成为美国《独立宣言》的起草人之一；他担任美国邮政部长，组织战争期间的邮政，成绩显著；在美军作战屡次受挫的情况下，他作为三人委员会成员同华盛顿会商，决定实行北美13 州的总动员，使得独立战争得以坚持下去。

　　1776 年 7 月 4 日，《美国独立宣言》由第二次大陆会议于费城批准。这份宣言主要由托马斯·杰斐逊起草，富兰克林对其中的 48 处做出了修改。在宣言中，他们这样写道：

　　　　人人生而平等，造物者赋予他们若干不可剥夺的权利，其中包括生命权、自由权和追求幸福的权利。

　　　　为了保障这些权利，人类才在他们之间建立政府，而政府之正当权力，是经被治理者的同意而产生的。

　　　　当任何形式的政府对这些目标具破坏作用时，人民便有权力改变或废除它，以建立一个新的政府；其赖以奠基的原则，其组织权力的方式，务使人民认为唯有这样才最可能获得他们的安全和幸福……但是，当追逐同一目标的一连串滥用职权和强取豪夺发生，证明政府企图把人民置于专制统治之下时，那么人民就有权利，也有义务推翻这个政府，并为他们未来的安全建立新的保障……

《独立宣言》的公之于世，意味着一个新的国家——美利坚合众国——诞生了。就在一个星期后，英国海军上将豪勋爵率领部队奔赴美国，他们的训练和装备是美军望尘莫及的。豪勋爵以特使的名义声称，对要求宽恕的叛乱者他们愿意给以完全的赦免，而不愿和他们打下去。

　　在此期间，富兰克林收到豪勋爵的来信，内容是表明他作为英国使者，愿意宽恕北美殖民地的叛乱者。豪勋爵曾经是富兰克林在伦敦的朋友，对这封信，富兰克林于 7 月 30 日作了回复：

　　　　直接的宽恕将使各殖民地这些受伤害的人错以为我们是愚蠢、卑微、迟钝的，而这是你那无知又傲慢的国家长久以来的观点。这除了增加我们的怨愤之外，别无效果。要让我们向一个以野蛮和残酷著称，一个在隆冬时节焚烧我们不曾设防的城镇，挑动野蛮人屠杀我们的和平居民，唆使我们的奴隶杀害他们的主人，甚至带来外国雇佣军杀戮我们的人民的政府屈服，那是不可能的。

　　　　阁下，我不具备那份虚荣去想预言这场战争的结果……长久以来我怀着真挚、不倦的热忱努力阻止英国这只精美、高贵的瓷花瓶的破碎，因为我知道，它一旦破碎，各个碎块就不可能保有它在作为整体时所拥有的力量和价值，谁也不能指望它会重新黏合起来，

完好如初。阁下可能会记得，在伦敦您的好姐妹的家
中，当你曾给了我希望，让我误以为和解是一定会达
成的，当初，喜悦的泪水曾经怎样湿润过我的面颊……

美国，这个新生的国家从她诞生第一天起，就面临着倾
覆的危险。在英强美弱的局势下，殖民地人民必须争取外援。
富兰克林奉大陆会议之命出使法国，争取美法结盟，共同对
英作战。在当时复杂而不利于美国的外交环境中，他以美国
必胜的信念、坚韧不拔的耐心，巧妙灵活的外交手腕，利用
欧洲国家之间的矛盾，抓住有利时机，缔结了美法同盟盟约，
争取了人力、物力、财力上的大量外援，确保了独立战争的
胜利。

富兰克林因为追求美国的独立，也给自己的个人生活带
来了影响。他的儿子威廉是一个坚定的英国追随者，在美国
独立的问题上无法与父亲达成共识，父子二人因此决裂。富
兰克林还和许多英国朋友断绝了往来。

经历了八年苦战后，美国人民终于夺得了独立，也迎来
了和平。1783 年 9 月 3 日，英王代表与美国代表于凡尔赛
宫签订条约，英国正式承认美利坚合众国成立。而在促成签
订合约的过程中，富兰克林付出了巨大的努力。

战后，富兰克林成为新生的美国第一任驻法特命全权大
使留法工作，直到 1785 年归国。

就在 1784—1785 年间，富兰克林收获了各种国际荣誉，

他当选为马德里的皇家历史科学院、奥尔良和里昂的科学艺术科学院、曼彻斯特文学和哲学学会的会员。

值得一提的是，富兰克林和儿子威廉的关系也在美国独立后得到了缓和，因为促使他们的观点产生分歧的矛盾根源已经消除了。在一封写给威廉的信中，富兰克林写道：

> 很高兴你希望恢复过去存在于我们之间的那种亲切的交流。对我来说，这真是太好了。的确，对我伤害和影响得如此之深的，莫过于发现自己在年老时被自己唯一的儿子所抛弃……我们是人，是可能犯错误的。我们的观点是不由我们自己把握的，它是由环境形成并控制的……我在美国的朋友正在一个接一个地死去，而我已在国外住了这么久，以至于我现在在自己的国家里倒成了外国人了。

这是一位 80 岁的父亲的心声。

1785 年 7 月，富兰克林离开法国。回国以后，他连续 4 年当选宾夕法尼亚州长。在美国宪法会议上，他是宪法起草委员会委员，他为了调解会议代表的意见分歧而提出的议会的两院制，成为美国的基本国家制度之一。

1788 年后，他不再担任公职，但仍发表政论文章，以供政府采择，并致力于促进废除奴隶制的活动。

多年来辛勤的工作严重损害了他的健康，乐天、开朗的富兰克林终于被病痛击倒了，1788 年夏天，他开始写遗嘱。

1790 年 4 月 17 日，富兰克林与世长辞，享年 84 岁。在他出殡的那一天，为他送葬的群众多达两万，充分表达了美国人民对他的痛悼之情。同时，不仅美国国会决定为他服丧一个月，法国国民议会也决议为他哀悼，表明了他不仅属于美国，也属于全世界。

本杰明·富兰克林的墓碑上只刻着："印刷工富兰克林"。

后来，民众为了纪念他，又树了一座纪念碑，碑上写着富兰克林一生的事业：

从苍天处取得闪电

从暴君处取得民权